塔羅初心者

用最舒服的節奏學習塔羅

Introduction to
TAROT

塔羅初心者

Susan Levitt

蘇珊・萊維特 —— 著

楊舒涵 —— 譯

左西心創藝有限公司出版

◎ 這是一本絕佳的塔羅入門指南，特別適合想要學習這門古老藝術卻不知從何著手的初學者。本書獨特的寫作方式能激發讀者的想像力，溫柔地為我們打開一扇通往原型和魔法世界的大門。

—— 坎蒂絲・康坦・派卡德（Candis Cantin Packard）

《藥草塔羅》（*Herbal Tarot*）作者

◎ 蘇珊・萊維特的書淺顯易懂，是一本完美的塔羅解讀入門書。

—— 布萊恩・威廉斯（Brian Williams）

《文藝復興神話塔羅》（*Renaissance Tarot*）、《後現代塔羅》（*Pomo Tarot*）、《明切維特塔羅》（*Minchiate Tarot*）作者

◎ 這是一部迷人的作品！蘇珊・萊維特用一種輕鬆有趣的方式讓初學者認識塔羅。不過度簡化，也不追求複雜，清晰地介紹塔羅的基本概念，引人入勝。

—— 辛希亞・吉爾斯 （Cynthia Giles）

《塔羅的歷史、奧秘和傳說》（*The Tarot: History, Mystery, and Lore*）、《塔羅解讀的技巧和方法》（*The Tarot: Methods, Mastery, and More*）作者

◎ 蘇珊・萊維特為初學者撰寫一本精彩的塔羅書，我特別喜歡書中介紹「靈魂牌」的部分。

—— 潘蜜拉・埃金斯（Pamela Eakins）

《心靈塔羅》（*Tarot of the Spirit*）作者

「誰怕你！你們不過就是一堆紙牌！」
　　　　　　　　　—— 愛麗絲夢遊仙境

本書獻給我過去、現在和未來的所有塔羅學生。

謹以此書紀念布萊恩‧威廉斯（Brian Williams），他是一位傑出的塔羅師、藝術家，也是位優秀的學者。我永遠緬懷他那善良、幽默、慷慨的心，也感念他在塔羅的世界搭起一座座的橋樑，連結各種文化，從義大利文藝復興到當代的舊金山。

目錄

作者序 009

基本概念：塔羅與脈輪 013

第一章：塔羅的結構 017

第二章：大阿爾克納 —— 愚者之旅 027

第三章：小阿爾克納 —— 火：權杖 075

第四章：小阿爾克納 —— 水：聖杯 099

第五章：小阿爾克納 —— 風：寶劍 119

第六章：小阿爾克納 —— 土：錢幣/圓盤 137

第七章：如何解讀塔羅牌 157

第八章：進階牌陣 183

第九章：塔羅與數字 201

第十章：塔羅的儀式 217

牌義一覽表 230

詞彙表 235

牌卡推薦 240

作者序

我第一次運用塔羅尋找答案是在 1972 年，當時我 17 歲，在芝加哥藝術學院學習繪畫，我想半工半讀，因而打聽到一個花藝設計師的職缺。關於這件事，我抽到的牌是「聖杯八」。牌面顯示一位身穿厚重斗篷的人，不滿足於現況，轉身離開。

由於我已經支付學費，所以不理會塔羅牌的預言，依照原訂計畫參加夏季的花藝課程，並取得證照。秋季來臨時，我順利得到某間飯店的花藝設計工作。身為一位花藝設計師，我期望透過花藝來呈現自然的美感，然而這份工作並未符合我對自己的期待。實際的情形是，這裡的花藝設計都只是複製書上的作品，創意和設計（包括日本花道）都是不被允許的。當我在整理上百朵玫瑰花時，我不再讚嘆花的美麗，也聞不到花的芬芳，因為它們都是來自溫室大量培育，我只能專注地處理花朵上的刺。

焦躁易怒的老闆也是我無法繼續待下去的原因，我試圖和他溝通，想緩和他的脾氣，沒想到他對我大吼——那是最後一次他對我大吼，因為我決定離開。走出飯店大門，我感受到芝加哥的冷風迎面襲來。前往地鐵站的路上，我披上厚重的冬季外套，突然想起：這不就是「聖杯八」的畫面嗎？我正在重演塔羅牌的劇情。

由於這個預言成真，此刻的我，有一個衝動想要立刻擁有一副塔羅牌，並學會為自己解讀。於是我前往位於北州街的奧秘書店，那是我在芝加哥唯一知道有販賣塔羅牌的地方。

　　這間書店的外觀看起來有點詭異，裡面堆滿各式各樣的神秘書籍，從純淨、療癒的類型，到邪惡、詭譎的類型都有。店裡還有天宮圖、蠟燭、精油、戲服、斗篷，還有一些填充玩偶和動物標本。我在詢問店員塔羅牌的陳列處時，目光被一副托特塔羅牌所吸引。這副牌跟這間書店都擁有一種類似的調性，帶有一種巫師般的奇幻風格。於是，我買下一副托特塔羅以及艾利斯特・克勞利的《托特之書》，當天晚上我就把書看完。童年時期的我就對童話故事、希臘神話、埃及古文物，以及外文深感興趣（近乎迷戀的程度），也因此這本《托特之書》對我來說並不困難。我曾經就讀猶太學校，高中時期學過拉丁文，也會閱讀龐德（Ezra Pound）翻譯的中國古詩。然而，比起龐德，克勞利使用的象徵手法更為巧妙，讓我很有共鳴。我喜歡閱讀塔羅的相關書籍，但我發現其實不用閱讀文字，單純觀看圖片，也可以理解牌面上的涵義。

　　當時我對塔羅的喜愛並未受到支持，別人告訴我：「塔羅是惡魔的作品」，也有人對我說：「你會因此下地獄」，以及「你這個撒旦，我看穿你了！」諸如此類的話語。我覺得自己像是個先驅者，嘗試復甦這個古老的秘密。我不在乎別人說「你會下地獄」這種詛咒，因為地獄只存在於詛咒者的信念裡，與我無關。但是，各種不請自來、想替我驅逐惡魔的情況著實讓我感到困擾。

　　1980 年，我為了攻讀藝術史研究所，搬到亞利桑那州的土桑市。比起芝加哥，這裡的人對塔羅更加反感。我完成學業後，想詢問塔羅我接下來應該搬到哪裡？哪個地方比較適合我，能讓我的心靈感到滿足？此時，我心裡有兩個選項：紐約或舊金山。選擇紐約，我抽到的牌是「命運之輪」，舊金山則是抽到「聖杯一」，兩張都是很好的牌。但我選擇「聖杯一」，因為我想起自己是雙魚座，從

我出生的天宮圖來看，我擁有許多跟水元素有關的特質（太陽在雙魚、木星和天王星在巨蟹、土星在天蠍）。即使我知道在紐約可以賺到比較多財富，但我還是選擇聽從自己的心。

1983 年元旦，我搬到舊金山。在這裡，我對塔羅的興趣得到許多迴響，這跟我在芝加哥和土桑市的經驗完全相反。很多人請我幫忙解讀塔羅。1986 年，我辭去藝術相關的工作，正式成為一名職業塔羅師。比起繪畫，我發現自己更愛塔羅。為人們解讀塔羅對我來說是一種自我實現的感覺。不久，我的客戶問我可不可以開班授課，教他們解讀塔羅。因此，我把一些文字整理出來，當成課程講義。隨著時間的進展，講義的內容越趨豐富，最後集結成冊，因此這本書便誕生出來。

誠摯邀請你與我一起探索這份奧秘。

基本概念
塔羅與脈輪

　　塔羅具有豐富的藝術性，同時包含大量的訊息，在眾多的占卜類別中，獨樹一格。我們可以將自己的生活經驗和塔羅的象徵做連結。當你的手裡握有一副塔羅牌，就等於是連結這個世界的心靈，也就是所謂的集體潛意識，那是一種能夠療癒心靈的品質。想要瞭解塔羅如何作為一種心靈療癒的工具，我們需要先認識「脈輪」的概念，這是一個來自印度的古老系統。脈輪在梵文的意思是輪子、轉動，每個脈輪對應身體不同的部位和能量。當七個脈輪共同達到平衡，就能呈現自己的最佳能量狀態，同時開啟自我的最高潛能。

　　第一脈輪位於脊椎尾端，與生存的議題相關。當我們面臨戰爭或嚴重的疾病，這個脈輪會被強力激發。生存的問題一旦被解決，接著要處理的是代表生殖、繁衍的第二脈輪。它位於生殖器官處，與親密關係和創造的能量有關。第三脈輪位於太陽神經叢，是力量的象徵，重視並追求物質方面的利益。因為俗世紛擾，大多數的人都是過著由下面三個脈輪所驅動的生活。

　　第四脈輪是關於愛、慈悲和關懷，位於胸腔中心，帶領我們超越自我，探索靈性。第四脈輪的能量常被具象化為仁慈為懷的佛陀、神聖莊嚴的耶穌，以及觀世音菩薩——象徵慈悲的東方女神。一些宗教或靈性教義強調「心的指引」或「愛人如己」等，都是以第四脈輪為出發點。

第五脈輪位於喉嚨處,與說話、語言的療癒力(或殺傷力)有關。第六脈輪位於兩眉之間,也稱為第三眼,與我們的創意和洞察力有關。第七脈輪是靈感的來源,也被稱為頂輪。科技的進步反而讓多數人關閉第七脈輪,因為過多的資訊將我們淹沒。當我們回歸平靜、練習靜默,就能逐漸開啟我們的第七脈輪,接受靈性的指引。

當我們願意敞開心胸,認識塔羅牌、理解這些象徵符號,我們就開啟心輪的能量。這個能量高於前面三個脈輪,協助我們超越世俗和現實。從形而上的角度來看,塔羅協助我們開啟第七脈輪,接收神聖的靈感,同時開啟第六脈輪,激發我們的想像力和覺察力。我們可以透過第五脈輪的特質——深刻的理解與溝通,加上第四脈輪的特質——同理心與慈悲,讓我們的塔羅解讀充滿療癒的神奇力量。

但是,仍有很多人只用前面三個脈輪的角度來解讀塔羅。例如,有人會問「我的男友仍然愛我嗎?」,這是一種牽涉第一脈輪(生存的恐懼)、第二脈輪(親密關係),以及第三脈輪(自我、力量)的議題。在這個提問中,並沒有出現心輪的能量。

相同的問題如果用另一個角度來詢問:「我要如何促進兩人的關係?」就能提升到第六脈輪的視野——關於創造力和洞察力。當你說:「我不喜歡我的老闆」,在解讀塔羅的時候,你可以換個角度來詢問:「我和我老闆之間所面臨的

問題，是要讓我從中學習到什麼？我如何更有覺知地面對這件事？」

　　評估自己想問的問題，盡可能將它提升到更高的層次，並運用智慧、慈悲、創造力、直覺和感受來解讀牌卡。別忘了，創造和表達自我是人類與生俱來的權利。塔羅是一種神奇而具有轉化力量的工具，透過塔羅，我們可以療癒自己、達成目標、獲得更高的洞見，並為我們所面臨的難題創造出一個和平的解決辦法。

　　如果你希望將塔羅視為一種協助自我成長與改變的工具，那麼這本書將會非常適合你。更重要的是，透過塔羅你可以學習將陰與陽這兩種能量視為平等。如果我們能在光明與黑暗之間找到平衡，我們就能療癒自己，進一步療癒他人。

第 1 章

塔羅的結構
塔羅的歷史

塔羅牌發明於 15 世紀初文藝復興時期的義大利，是眾多紙牌遊戲的一種，擁有 4 個不同的牌組。當時的塔羅（義大利文為塔羅奇──tarocchi），主要是拿來當作紙牌遊戲，並非用來占卜解讀。進入 18 世紀，法國的神秘學家開始使用並研究塔羅。現在我們所說的塔羅「tarot」這個詞彙就是源自法文，發音為「taro」，最後一個「t」不發音。

19 世紀末 20 世紀初，英國的神秘學組織──「金色黎明」開始研究塔羅。1910 年，倫敦的萊德公司出版一副塔羅牌，由「金色黎明」的成員亞瑟·愛德華·偉特所設計，並由藝術家潘蜜拉·柯爾曼·史密斯繪製。這是一副具有創新意義的牌卡，每張牌都在訴說一個故事。這副牌就是我們現在在市面上看到的「萊德偉特塔羅」。

1944 年，同樣來自「金色黎明」的神秘學家艾利斯特·克勞利設計出「托特塔羅」，並由芙烈達·荷莉斯女士繪製，裡面包含占星符號、希伯來字母，以及一些神秘學的訊息。托特是鷖首人身的古埃及神祇，掌管溝通和醫藥，是智慧之神。祂的努比亞名是「Tehuti」。在希臘眾神之中，與托特相對應的是赫密士（Hermes，羅馬名為 Mercury），祂是聖典之主，同時掌管冥府裡的幽魂。煉金術之神

亞瑟・愛德華・偉特
Arthur Edward Waite

潘蜜拉・柯爾曼・史密斯
Pamela Colman Smith

艾利斯特・克勞利
Aleister Crowley

赫密士・崔斯莫吉斯堤斯（意為偉大無比的赫密士）是托特的另一個化身。

　　本書將以「萊德偉特塔羅」和克勞利的「托特塔羅」作為說明。

　　塔羅運用象徵符號和故事情節來比喻我們所面臨的生命經驗和各種情境。當我們願意透過塔羅牌來檢視自己，我們就成了人類集體意識中的一個部分。睿智的學者把這個集體意識稱為阿卡西紀錄，意思是宇宙資料庫，裡面記錄所有曾經發生和尚未發生的訊息。解讀塔羅的過程中，我們會發現自己不再孤單，因為我們並非獨自一人尋求真理，我們即是整體，也是整體的一部分。

四大元素

　　廣義的宇宙是由四元素所組成，也就是：火、水、風、土。四元素在塔羅分別以權杖、聖杯、寶劍、錢幣／圓盤為象徵。四元素也對應四個方位及四個顏色：南方──紅色、西方──黑色、東方──黃色，以及北方──白色。而四個顏色也象徵人類四大種族。

　　火、水、風、土四元素的概念在很多靈性和魔法系統都曾出現過，例如北美原住民的醫藥輪、異教徒的四方儀式、占星的四元素，以及歐洲中世紀的煉金術。煉金術能將物質轉變為閃亮珍貴的黃金。它的概念是透過結合不同元素來改變實像。

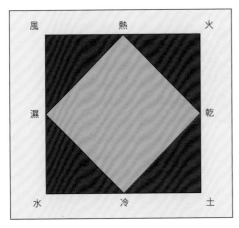

西元前 5000 年，古埃及的四元素及其屬性 *

　　真理只有一個，然而到達真理的途徑不只一種。結合四元素也有多種方式，透過結合，能在混沌之中建立秩序。中國古代的道家把宇宙的組成分為五大元素：火、土、金、水、木。古印度吠陀則是把宇宙的組成分為三大元素：風（vata）、火（pitta）、水土（kapha）。而塔羅則是以四元素為基礎。

* 資料來源 James, George G.M. *Stolen Legacy*; Julian Richardson Assoc. Pub., 1954.

火

在塔羅中，振奮人心、象徵陽性力量的火元素代表意志力、驅動力、命運、行動、冒險、創意和信念。火元素的圖形以權杖為象徵。在一般的撲克牌中，火元素是以梅花來呈現。火元素如同陽性能量，噴發出創意的火花和種子。

與火元素有關的神話傳說包括：普羅米修斯盜火、撒旦和祂的火焰、浴火重生的鳳凰，以及駕馭太陽戰車的阿波羅。與火元素有關的女神包括：古埃及獅頭人身的塞克邁特女神，以及日本的天照大神。在占星學裡，象徵火元素的星座有射手座、牡羊座和獅子座。

水

在塔羅中，水元素是陰性能量，象徵滋養，也代表情感、直覺、精神信仰、喜悅、信念和愛。水元素的圖形以聖杯或酒杯為象徵。在一般的撲克牌中，水元素是以愛心來呈現。水是生命的泉源，如海洋般豐饒，如同孕育生命的子宮。水也是萬物之母，孕育地球上的所有生命。根據古代道家的說法，水是最有力量的元素，它能在不改變事物本質的情況下，跨越路途上的重重阻礙，川流不息。

火

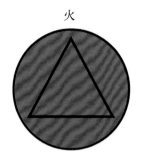

與水元素有關的神話傳說包括：青春之泉、尋找聖杯、諾亞方舟、約拿與大魚、施洗者約翰、美人魚與海妖，以及海神波塞頓（羅馬人稱涅普頓）。在占星學裡，象徵水元素的星座有雙魚座、巨蟹座和天蠍座。

水

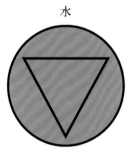

權杖和聖杯的結合構成一個重要的象徵意義：火與水的結合達到煉金術中的平衡。這是一種能將情感化為行動的力量（或行動源自於心），兩者互相作用，創造陰陽兩端的平衡（火為陽，水為陰），如同白天與黑夜、光與影之間的和諧。這也如同呼吸，當我們吸氣，肺部膨脹到最高點（代表陽），當我們吐氣，肺部降至最低點（代表陰）。持續這個循環，如同正午逐漸走向午夜，午夜再慢慢走回正午。陽性與陰性能量之間的流動，是一切生命的基礎。塔羅的圖像描述陰陽的平衡：火與水、光與影、陽與陰。有人說當陰陽分離，死亡就會發生。

索羅門封印

根據煉金術的歷史手稿，三角形代表火元素，倒三角形代表水元素，兩者疊加起來，就形成卡巴拉的六芒星——猶太奧秘，也被稱作索羅門封印和大衛之星。六芒星也是古代印度吠陀的譚崔符號，代表陰陽的結合。

風

在塔羅中，風元素象徵陽性力量，代表心靈、心智活動、知識、智識、想法、計畫和溝通。風元素的圖形以寶劍為象徵，寶劍能迅速明快地斬斷各種事物。在一般的撲克牌中，風元素是以黑桃來呈現。與風元素有關的神話傳說包括：巴別塔的故事、配戴羽翼的訊息使者墨丘利（Mercury，希臘名為 Hermes），以及印地安的和平煙斗。從古至今，世人普遍重視溝通的力量。在占星學裡，象徵風元素的星座有雙子座、天秤座和水瓶座。

土

在塔羅中，土元素象徵穩定的陰性力量，代表大自然、物質世界、財富、事業、身體健康、有形物質，以及與我們密不可分、承載我們的地球母親。土元素的圖形以五角星或圓盤為象徵。中世紀歐洲的塔羅牌把土元素描繪成金幣。在一般的撲克牌中，土元素是以方塊來呈現。我們存在於身體這個載體中，同樣地我們的意識也存在於地球這個實相裡。與土元素有關的神話傳說包括：克里特島的牛頭怪、金牛犢、一肩扛起世界的擎天神阿特拉斯、冥府王后普西芬妮，以及下金蛋的鵝。在占星學裡，象徵土元素的星座有處女座、摩羯座和金牛座。

風與土的組合如同火與水，構成陰陽的兩極。風與土的結合能達到鍊金術中的平衡，這是一種能將理想實現，透過信念改變實相的能量——石中劍的傳說就是心靈戰勝物質的例子。現今，西方的新興醫學也朝著身心整合（身代表土、心代表風）的方向發展。

小阿爾克納與宮廷牌

　　塔羅的四個牌組分別為：權杖、聖杯、寶劍、錢幣／圓盤。每個牌組都有 1 到 10，共 10 張數字牌，這 40 張統稱小阿爾克納。阿爾克納這個字是從「Arcane」演變而來，代表隱藏、秘密。

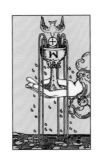

數字 1 到 10 的象徵意義：

數字 1（Ace）— 新的開始、機會。

數字 2 — 合作、平衡。

數字 3 — 三位一體、魔法。

數字 4 — 基礎、圓滿。

數字 5 — 衝突、混亂。

數字 6 — 完美、優美。

數字 7 — 靈性的尋求、探索。

數字 8 — 無限、穩定。

數字 9 — 魔法，9 是最大的個位數。

數字 10 — 實現、豐收。

　　塔羅還包含宮廷牌（皇室角色）共 16 張，代表女性和男性的原型，也象徵陰性和陽性的特質。根據不同牌組及角色的成熟度，宮廷牌呈現出多種元素和人格特質的組合。國王（王子）代表統治、權力、力量。王后代表成熟穩重，富含深度。騎士代表行動、追尋、移動。侍者代表探索、尋找、學習。（宮廷牌的人格特質在後續的章節有更詳細的介紹）

　　其餘的 22 張牌就是大阿爾克納，我們會在下一章詳細介紹。大阿爾克納就是所謂的主牌、大牌，22 張主牌描述了一段靈魂的旅程，每一張牌都富含古老而神秘的象徵和意義。

　　翻開下一頁，準備展開這段旅程……

第 2 章

大阿爾克納
愚者之旅

　　學習 22 張主牌如同探索整個人類的集體潛意識，探索不同的人格原型。22 是一個重要的數字，在數字學裡被稱為大師數（同樣為大師數的還有 11、33 等）。

　　數字 22 代表「偉大的建構者」，22 張主牌象徵這個探索之旅是建立在一個偉大的循環結構之中。塔羅的原型歷久彌新，如其在中世紀的西班牙、傳說中的亞特蘭提斯和古埃及。這是我們人類共有的生命經驗，它超越時空的限制。

0・愚者

　　塔羅的旅程由第一張主牌──熱愛自由的「愚者」，揭開序幕。「愚者」踏上這段英勇的自我追尋之旅，代表新的開始。他天真爛漫，充滿創造力。對「愚者」來說，這個世界沒有任何的框架與限制。他擁有不同的面貌，例如：弄臣、鄉巴佬、小丑、時間旅者、誠實的人、遊子、千面英雄。代表「愚者」的數字是0，0也象徵一個等待被填滿的容器。「愚者」由天王星掌管，天王星象徵革命、解放。「愚者」將我們從百無聊賴、停滯不前的狀態中抽離，為我們注入嶄新的能量，令人期待。

　　這張牌有種無憂無慮的感覺，好像把煩惱全都拋到九霄雲外。「愚者」不在乎邏輯、計畫和規則，也因此各種神奇的巧合和幸運的事件總會發生在他身上。也許這種開放、隨遇而安的態度看起來有點愚蠢，但隨著旅程的進展，「愚者」會越來越成熟，也越來越有智慧。

　　在偉特塔羅中，一個年輕人闊步走向懸崖。他可能因此掉下懸崖、粉身碎骨，也可能展翅飛向天堂。他不怕冒險，擁有強烈的信念。在托特塔羅中，「愚者」擁有一切所需，牌面下方有一個字母，是希伯來文「aleph」，代表公牛。

占卜解讀

· 迎向未知，展開一段新的冒險。

· 你的信念和想法正一步步引導你。

· 學習以開放的心，面對新的機會。

· 如果你是一個害怕改變的人，這張牌所揭示的事件可能會讓你感到不舒服，因為你不習慣面對自由和未知，不願意讓自己冒任何風險。

1・魔術師 / 1・魔法師

　　「愚者」展開冒險之後，發現自己真實的力量，也就是第二張牌——偉大的「魔術師」。只要肯努力，透過「魔術師」的雙手將能顯化一切。「魔術師」充滿力量，他會施展魔法，且擁有療癒的能力。

　　在偉特塔羅中，「魔術師」伸出右手，手中握著一支魔法手杖，能導引天地的能量。前方的桌子擺有象徵四元素的物件，供他隨時取用，它們分別是：代表火元素的權杖、代表水元素的聖杯、代表風元素的寶劍，以及代表土元素的錢幣。

在托特塔羅中，「魔術師」被稱為「魔法師」（Magus）。「魔法師」的複數型態為「Magi」。《聖經》裡的三位智者也稱為「Magi」，代表三位「魔法師」。他們在耶穌誕生於馬槽的那天登門拜訪，並帶著三樣聖物：乳香——供奉神聖的太陽；沒藥——供奉神聖的月亮；黃金——由煉金術士淬煉的珍貴金屬。「魔法師」擁有強大的力量以及敏銳的感知力。他腳上的翅膀和頭上的手杖象徵墨丘利（Mercury，希臘名為Hermes），他是訊息使者，協助人類連結神聖本質。牌面下方有一個字母，是希伯來文「beth」，代表房屋。

占卜解讀

· 你擁有全然的力量，能顯化自己的
　目標。

· 你正在體驗一股魔法般的力量，
　透過創造力和意志力，你將能實
　現內在的渴望。

2・女祭司

　　為了實現全然的自我，「魔術師」需要認識自己內在的陰性層面——也就是神秘的「女祭司」。「魔術師」掌握外在、物質的工具，「女祭司」掌握的則是內在、精神層面的魔法。「女祭司」由月亮所掌管，象徵永恆的陰性能量。她是靈性的療癒者，深知一切關於出生、死亡，以及關於生命的神秘能量。「女祭司」象徵沈著、智慧與直覺。

　　在偉特塔羅裡，「女祭司」坐在王位上，腳邊有月亮和水，這兩者都象徵陰性

能量，也代表月亮週期，月亮週期影響潮汐的變化和女性的經期。「女祭司」頭戴皇冠，這頂皇冠與古埃及女神愛希斯（Isis）和哈索爾（Hathor）的皇冠相同。「女祭司」平靜地坐著，身旁有兩根堅固的石柱。黑色石柱代表容納、接受。黑色也象徵夜晚、子宮，以及關於內在的神秘。白色柱子代表主動、活躍，象徵光明與行動。「女祭司」的身後有一座花園，裡面種滿石榴和棕櫚，兩者分別象徵陰陽。她的膝上有一個捲軸，上面寫著「tora」，代表《摩西五經》，也就是《舊約聖經》裡的《創世紀》、《出埃及記》、《利未記》、《民數記》和《申命記》。「tora」 這個詞的字母可以改變順序，「taro」代表塔羅牌，「tora」代表不停轉動的輪子。

托特塔羅中的「女祭司」蒙著面紗，雙手編織著光的能量，這些能量被水晶放大。她擁有一把阿提米絲女神（Artemis，羅馬名為 Diana）的弓，腳下有許多水晶以及一隻駱駝。駱駝擁有豐足的水分，能自給自足。牌面下方有一個字母，是希伯來文「gimel」，代表駱駝。

占卜解讀

· 這張牌象徵命運的安排，此刻的你不需擔心，所有的事都在女神的掌握中。

· 敞開自我，感受內在的陰性能量，那是一種全然的包容與接受。

· 記錄你的夢境，跟隨內在的直覺和感受。

· 這是一個傾聽自我、信任內在智慧的絕佳機會。

· 此刻的你是安全的。

3．皇后

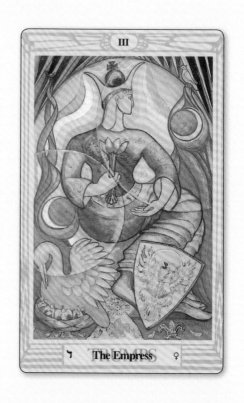

　　在「女祭司」之後登場的是「皇后」，「皇后」象徵豐饒、收成，以及滋養萬物的大地母親。她是「女祭司」在物質世界的顯化，具有「女祭司」的內在神性。「皇后」豐饒、多產的能量，為這個世界帶來一片生機。她也象徵孕育生命的子宮，掌管生命的誕生，是個令人讚嘆的創造能量。「皇后」和「女祭司」都坐在王位上。「皇后」由維納斯女神（Venus，希臘名為 Aphrodite）所掌管，維納斯是代表愛與美的女神。「皇后」也象徵農作物的收成。一旦「魔術師」的陽性能量與「女祭司」的陰性能量達到平衡，就能創造豐收（孕育生命），而這個豐收為愚者的冒險之旅帶來滿足。

皇后

在偉特塔羅中，「皇后」戴著皇冠，背後有一座茂密的森林和一條潺潺小溪，身旁有一個心型盾牌，上面有個金星的符號。在托特塔羅中，「皇后」牌上有著象徵新生的蛾眉月，以及一隻天鵝母親與牠的孩子們。牌面下方有一個字母，是希伯來文「daleth」，代表門。

占卜解讀

· 你的能量很平衡、和諧。

· 在物質層面，你是幸運的、安全的。你會找到適合自己的工作、適合的居住地。

· 「皇后」由金星所掌管，你可以精心打扮自己，戴上飾品或穿上自己最喜歡的服飾。

4．皇帝

　　這趟旅程目前都充滿喜悅和祝福，然而接下來出現的是性格強烈的「皇帝」，他將指揮這片天地。「皇帝」象徵力量、統治，他是拓荒者、領導者，也是一位探險家。他像個勇往直前的戰士，是行動力的象徵。在中國的帝王時期，「龍」象徵皇帝，是一種陽性的能量。（「鳳凰」則象徵皇后，是一種陰性的能量。）歷代帝王從凱撒到拿破崙，都擁有絕對的權力，以及鋼鐵般的意志，若沒有掌握得宜，將會造成腐敗。

　　「皇帝」相當有力量，非常專注、執著，時而犀利。若掌握得宜，將帶來偉大的創造和改變。然而，「皇帝」有時很固執，無法容忍不同的意見，可能因此變得無情而殘忍。即便一開始懷抱熱情，「皇帝」也可能會頓失興趣，無法堅持到最後。

　　「皇帝」由牡羊座所掌管，在偉特和托特塔羅裡，他的皇冠上都有一對羊角。「皇帝」的右手拿著象徵陽性能量的權杖，左手握著象徵陰性能量的圓形寶珠，代表平衡。在偉特塔羅中，「皇帝」的寶座後方有一條象徵生命之水的河流。在托特塔羅中，「皇帝」的視線看向右方。（若將「皇帝」和「皇后」這兩張牌放在一起，會發現牌面中的兩個人都望向彼此）牌面下方有一個字母，是希伯來文「tzddi」，代表魚鉤。

占卜解讀

· 這是一個進步、成長的機會。運用你的熱
　情和領導力，面對即將展開的事物。

· 積極追求自己的目標，而不是被動的等
　待機會到來。

· 要留意別把自己的意圖加諸在他人身上。請抑制自己說服他人的衝動，即便你覺得那是為他好。

5・教皇

　　「皇帝」征服天下，準備建立秩序。然而，他卻沒有足夠的耐心，以組織化的方式來管理。因此，嚴厲的「教皇」出現了，他建立法律和秩序，以維持和平。階級制度也是他建立的，這是一種權威式的統治，也是一種欠缺深度的父權體系，充滿壓迫。「教皇」建立結構和秩序，設立種種規範，例如：成人每天朝九晚五工作，孩童九點到三點上學，這些規範是不可改變的。「教皇」由金牛座所掌管，金牛座是個保守固執的土象星座。「教皇」比較正向的特質是他能成為一個好的老師、父親、長輩或是宗教、靈性上的導師。他能提出架構，建立嚴謹的行為準則，他的話

語如同律法。這張牌比喻人們即將進入一個組織或參與某種典禮、儀式,成為其中的一份子,可能是進入學校、服兵役或是進入某間公司企業等等。

「教皇」(hierophant)一詞源自階級制度(hierarchy),代表這是一個由祭司、牧師或其他神職人員所管轄的社會。階級制度的概念為這張牌增添一些看法和見解。

在偉特塔羅中,「教皇」坐在王位上,旁邊有兩個巨大的灰色石柱,下方有兩位神父。在托特塔羅中,「教皇」被四元素的符號包圍,四元素分別佔據牌卡的四個角落。獅子代表獅子座,屬於火元素;老鷹代表天蠍座,屬於水元素;人像代表水瓶座,屬於風元素;公牛代表金牛座,屬於土元素。牌面下方有一個字母,是希伯來文「vav」,代表釘子。

占卜解讀

· 在這個體制之下,接受現況,並學會利用自己的優勢,從長計議。如果體制過於僵化而讓你無法接受,那就選擇反抗或乾脆離開。

· 在少數的例子裡,這張牌代表一位嚴厲卻充滿愛心的長者,說話很有份量,如法律一般。

6・戀人

 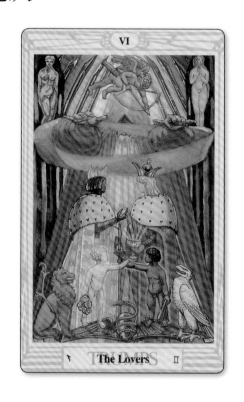

　　接下來的塔羅原型是充滿喜悅的「戀人」。這張牌集結前面所有的牌卡特質，並使之平衡。前四張牌是喜愛自由的原型（愚者、魔術師、女祭司、皇后），後面兩張牌是關於主導、支配的原型（皇帝、教皇）。「戀人」是男性與女性合而為一的象徵，由雌雄同體的雙子座所掌管。這張牌描繪的是一個人內在的光明面與陰暗面的結合，以及個人主觀意識與客觀自我的結合。「戀人」也描述戀愛的愉悅感受。以靈性層面來看，這張牌代表二元性的結合。

　　偉特和托特塔羅都描繪一對結為連理的情侶。在偉特塔羅中，一位赤裸的女子站在一顆結實纍纍的果樹旁，貌似伊甸園的夏娃，樹上纏繞著一條象徵智慧的蛇。一位赤裸的男子站在象徵生命與熱情的大樹旁。這對情侶並非如《聖經》所述被迫分開，而是團結在一起，天使也為他們的結合獻上祝福。在托特塔羅中，這對情侶是被神所祝福的。牌面描繪光明與黑暗、成人與孩童，以及煉金術裡的紅獅與白鷹。被矇上雙眼的邱比特（希臘名 Eros）是維納斯女神的孩子，準備射出祂的愛神之箭。牌面下方有一個字母，是希伯來文「zain」，代表劍。

占卜解讀

· 這張牌不只代表尋找真愛，還代表內在的融合、合一。不僅要擁抱這個世界，更重要的是，擁抱自己、愛自己。

· 一個正向而充滿自信的人能打開心胸，體驗健康的人際關係，包括戀愛。

· 這張牌也提醒你要表達自我，並相信自己的感受、感覺。

· 這是一張代表幸運、幸福的牌。

7・戰車

　　「戀人」帶來平衡的能量之後，接著出現的是「戰車」。「戰車」象徵專注而獨立的行動，他非常有紀律，懷抱意圖和目標，堅定地走在人生的道路上。「戰車」的盾牌並不是要拒人於外，而是用來保護他人。古代位於地中海區域的「戰車」駕馭者都是強壯的年輕人，他們喜歡遊戲和競賽。希臘女神雅典娜（羅馬名為 Minerva）常以駕馭「戰車」之姿被描繪。羅馬英雄在凱旋歸來時也會駕馭「戰車」。「戰車」由巨蟹座所掌管，象徵流動的水。

在偉特塔羅中,「戰車」是由一黑一白兩隻人面獅身獸所拖曳。駕馭者身穿戰服,肩上有著新月的符號,裙子上有象徵魔法的符號,手上握有一根權杖,代表掌握的力量。在托特塔羅中,「戰車」是由四隻人面獅身獸所拖曳,四神獸分別代表四元素,象徵平衡穩定地走在這條路上。駕馭者的頭上有一隻螃蟹,代表巨蟹座。牌面下方有一個字母,是希伯來文「cheth」,代表籬笆。

占卜解讀

· 眼前的道路清晰而明朗。

· 你的配備齊全,事情也有所進展,目標近在咫尺。

· 即將取得勝利,獲得成功。

· 你有能力前往更多地方,完成更多的事情。

8・力量 / 11・慾望

　　在「戰車」取得勝利之後，我們將體驗到神奇的「力量」。「力量」充滿光芒，由獅子座所掌管。牌面上一位女子雙手環繞一隻獅子，獅子是她的力量動物，她們擁有相同的精神與本質。她體現獅子的特質，同時保留人類的智慧。雖然我們傾向把獅子跟男人聯想在一起（例如：海克力士與獅子），但在這個塔羅原型中，女人與獅子的搭配更能表現出一種溫和、平衡的「力量」。

在托特塔羅中，這張牌稱為「慾望」，或「生命的渴望」。對世俗的人而言，這張牌代表性慾；對另一部分的人來說，這張牌代表獅子座的創造力。牌面上方有個象徵精子與卵子的符號，精子正游向卵子，使其受精。一位充滿熱情、力量的女子騎在獅子的背上。牌面下方有一個字母，是希伯來文「teth」，代表蛇。

占卜解讀

· 繼續努力，你將變得更加強壯。

· 面對挑戰，你的力量足以掌握局面。

· 你擁有過人的勇氣、堅強的意志，以及充沛的能量。

請注意

在托特塔羅中，11號牌是「慾望」，8號牌是「調節」，這和偉特塔羅的順序不同。克勞利改變8號和11號主牌的順序，因為他認為22張主牌剛好對應希伯來文的22個字母：0號「愚者」對應字母「aleph」，1號「魔術師」對應字母「beth」，依此類推。

9 · 隱士

　　透過「戀人」，靈魂得到痊癒，他駕馭「戰車」走在明朗的道路上，此時的他擁有強大的「力量」。（也可以解釋為：他在「調節」的過程中得到平衡。內容請參見 11 號牌「調節」）現在，是時候回顧過往，透過「隱士」好好思考。在「愚者」的旅程中，「隱士」是一個重要的里程碑，如同數字 9 是最後一個個位數字。此時，是一個絕佳的時機點，讓我們暫停一下，思考在這個過程中我們學習到什麼？體驗到什麼？「隱士」提著一盞明亮的燈，告訴我們如果我們願意靜下心來傾聽，會發現答案始終存在我們的內心。傳統文化裡，追尋靈性的方法有很多種，例如：中

國道家隱士隱居山林、中世紀歐洲人體驗上帝的神秘經驗、印度的瑜伽士和聖者、北美原住民的聖境追尋、澳洲原住民的徒步之旅等等。這些孤獨的經歷，都是透過自我認識，進而開悟的過程。「隱士」帶有沈思者、思考者的特質，由處女座所掌管。

在偉特塔羅中，「隱士」提著一盞吊燈，照耀著前方的道路，吊燈裡有顆發光的六角星。在托特塔羅中，「隱士」的周圍滿是農作物和肥沃的土壤。畫面中一個精子往上游，一隻蛇纏繞著一顆蛋，象徵「隱士」的廣大視野將帶來創造與豐盛的能量。「隱士」腳下有一隻三頭犬，負責看守地下世界，守護死者之謎。牌面下方有一個字母，是希伯來文「yod」，是神（Yehovah）的第一個字母。這張牌的原型是一位擁有智慧的父親。

占卜解讀

· 這是一個適合獨處的時刻，請讓自己專注於內在。

· 現在的你不適合社交，給自己一段安靜的時刻，靜默反思，傾聽內在的聲音。這個提醒，對心向內的人來說很容易，因為他們喜歡獨處、靜心、行禪。對心向外的人來說，這是個挑戰，因為他們喜歡與人互動，享受與人交流的過程。

· 透過「隱士」的教導，協助我們走在智慧的道路上。

10・命運之輪

　　獲得智慧的「隱士」決定離開隱居的生活，進入凡間，展開冒險。接下來的牌是「命運之輪」，象徵幸運和財富，也代表各方面都有出色的表現。天上的輪子開始轉動，帶來滿滿的祝福和幸運。「命運之輪」由眾神之王朱庇特（Jupiter，希臘名為 Zeus）掌管。朱庇特所代表的木星是最大的行星。這張牌帶來的能量是廣闊無邊的，充滿祝福，就好像聖誕老公公帶著一大堆禮物降臨。輪子也象徵療癒、改變、轉化。在佛教文化裡，輪子象徵一世又一世的輪迴；而在美洲原住民的文化裡，輪子象徵神聖的「醫藥輪」。

在偉特塔羅中，「命運之輪」上有「taro」字樣，可以唸作「tora」或「rota」。「女祭司」的牌中也有相同的概念。這四個單字還可以組成「ator」哈索爾（Hathor）的拉丁語，這一位女神代表埃及母親，有時會化身為母牛。在《聖經》的故事裡，因為以色列人跪拜金牛犢，摩西憤而將十誡石板摔成兩半。這個金牛犢就是哈索爾。

「金色黎明」的神秘學家把「rota」、「taro」、「tora」和「ator」，解讀為「塔羅之輪」──來自哈索爾的法則。「命運之輪」上的希伯來文字母，如果逆時針念出來的話，會是「yod」、「heh」、「vav」、「heh」。這四個字母被認為是上帝的名字，通常以英文發音，唸作耶和華（Jehovah）。「yod」代表火，「heh」代表水，「vav」代表風，「heh」代表土，正好是四元素。牌中的人面獅身獸代表平衡的四元素。蛇因脫皮而成長，象徵蛻變。埃及的胡狼頭神阿努比斯是死亡之神，象徵轉變。牌面上四神獸各佔據一個角落，代表四元素：水瓶座──風、天蠍座──水、獅子座──火、金牛座──土。在托特塔羅中，牌面描繪「命運之輪」、人面獅身獸、赫密阿努比斯（赫密士和阿努比斯的結合）、堤豐（Typhon，埃及名為Set，祂的另一個化身是沙漠之神）。牌面下方有一個字母，是希伯來文「kalph」，代表手掌。

占卜解讀

· 幸運之門即將為你敞開，所有事情都會順利進行，甚至超出你的預期。

· 繁榮即將到來，把你從停滯的狀態中抽離。

· 宙斯會協助你擴展視野，把你帶到更高處。

11・正義 / 8・調節

　　「命運之輪」的轉動帶來幸運和財富，這一切都是在公平「正義」原則之下形成的結果。「正義」可以衍生為內在的平衡，以及外在和諧的行動。這個原型根基於自然法則和人類倫理，與希臘女神泰美斯（Themis）有關，她是掌管真理、手持天秤的正義女神。希臘著名的德爾菲（Delphi）箴言提到正義女神泰美斯和大地女神蓋亞都是神聖的代表。與「正義」有關的還有巴比倫女神提亞瑪特（Tiamat），她將仁慈的律法授與第一個國王。古埃及女神瑪亞特（Ma'at）也是代表真理的女神，她比希臘文化還早幾千年出現。傳說她會將死者的心臟與羽毛並列放在天秤

上，衡量死者的心是否輕盈、良善，或是沈重而帶著憎惡。在埃及的象形文字中，她的羽毛就代表真理。「正義」普遍的概念是指法律的依據、行為的準則，並協助解決糾紛。

在偉特塔羅中，一個頭戴王冠的女子坐在王位上，手裡握著一把寶劍，象徵風元素，另一手提起一只代表真理的天秤。托特塔羅把這張牌稱為「調節」，但它的意義與「正義」是一樣的。中間的人物舉起一把寶劍，代表平衡的心智。天秤上有兩個符號：「Alpha」和「Omega」，分別是希臘的第一個和最後一個字母，象徵新的開始，以及有始有終、圓滿結束。「正義」和「調節」是由風象星座──天秤座所掌管。這也代表某段人際關係是值得發展的，你能從中學習到維持平衡的重要性。牌面下方有一個字母，是希伯來文「lamed」，代表趕牛棒。

占卜解讀

· 平衡的身心靈。

· 根據目前情況找到最佳解決辦法，使其恢復和諧，並讓一切符合公平正義的原則。

· 最佳的解決辦法有賴雙方的妥協與包容。

· 受到天秤座的影響，這張牌也和人際關係有關。

12・吊人

　　「命運之輪」開始轉動，「正義」創造平衡（或以托特的角度：「慾望」帶來蓬勃的生機）。「愚者」的旅程似乎走到盡頭，他感到筋疲力盡。現在面臨的處境是「吊人」，一個被懸吊起來的男子，他孤立無援，頭頂周圍有一個光圈環繞。這個狀態和「隱士」有點像，但境界更高。因為「吊人」所面臨的挑戰是臣服和釋放，進而達到靈性的覺醒。他面對的是頭腦的幻象和恐懼，到底是要持續掙扎，還是看穿一切，學會放下？「吊人」由海王星所掌管，海王星代表海洋之神（希臘名為 Poseidon）。

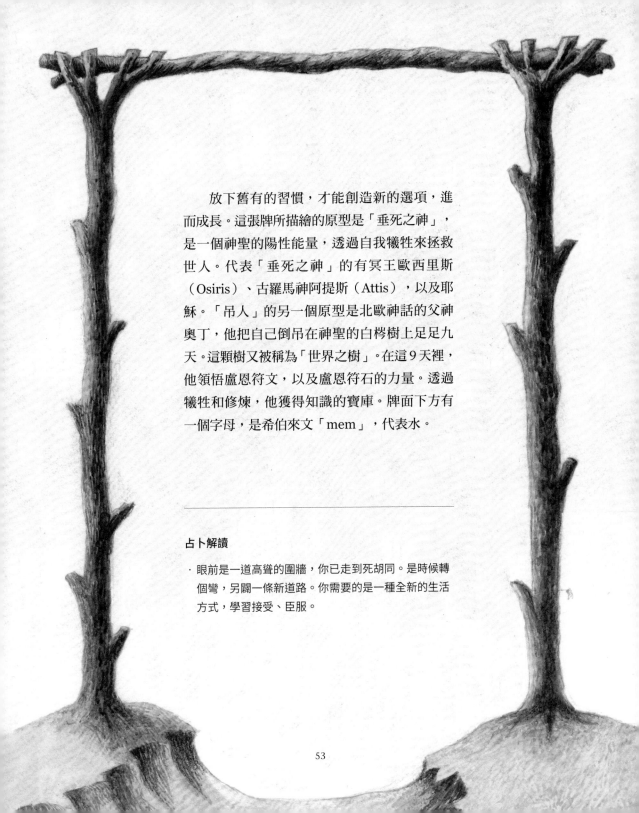

　　放下舊有的習慣，才能創造新的選項，進而成長。這張牌所描繪的原型是「垂死之神」，是一個神聖的陽性能量，透過自我犧牲來拯救世人。代表「垂死之神」的有冥王歐西里斯（Osiris）、古羅馬神阿提斯（Attis），以及耶穌。「吊人」的另一個原型是北歐神話的父神奧丁，他把自己倒吊在神聖的白梣樹上足足九天。這顆樹又被稱為「世界之樹」。在這9天裡，他領悟盧恩符文，以及盧恩符石的力量。透過犧牲和修煉，他獲得知識的寶庫。牌面下方有一個字母，是希伯來文「mem」，代表水。

占卜解讀

· 眼前是一道高聳的圍牆，你已走到死胡同。是時候轉個彎，另闢一條新道路。你需要的是一種全新的生活方式，學習接受、臣服。

13・死神

　　當你瞭解「吊人」的意義後，「死神」將協助你砍掉重練。透過這個方式，讓你重獲新生，獲得前所未有的體驗。雖然「死神」讓人感到害怕，但它實際上是一張力量強大的牌，象徵一種正向積極的轉變，協助人們重生。先清除舊有的，才能建立新的，這個過程也許辛苦，但透過這個方式，能淨化我們的心靈。生命即是一連串的死亡與重生，「死神」帶給我們的是淨化和療癒的力量。

　　在偉特塔羅中，「死神」穿著黑色盔甲，騎著馬來到一處瘟疫肆虐之地。他的手上拿著一只旗幟，上面有一朵白色的玫瑰花，象徵純潔。三個人站在「死神」面

前：一個牧師受其信仰的保護、一個年輕人轉過頭不願面對「死神」、一個天真的孩童想將手上的鮮花獻給「死神」。這三個人終將會死，這是我們都要面對的事實。遠處即將升起的太陽提醒我們新的一天即將到來。

在托特塔羅中，「死神」的背後有一群即將轉世的靈魂，周圍的畫面浮現他們即將體驗的事件。「死神」是由天蠍座所掌管。天蠍座的圖形是一隻具有殺傷力的蠍子，這張牌描繪一隻蠍子將蛇的皮褪去，變成一條新的蛇。「死神」的頭頂有一隻鳳凰，這隻神話中的鳥，因為太靠近太陽而全身燃燒，變成鳳凰。浴火重生的鳳凰象徵歷經死亡，重獲新生。牌面下方有一個字母，是希伯來文「nun」，代表魚。

每個人面對「死神」的反應不同，主要分成兩種：一是抗拒，不斷掙扎、尖叫，感覺自己的世界即將崩解。另一種是接受、體驗這個感覺，並與之共存，進而了解。若能做到這樣，你便能與「死神」對話，好好跟過去告別，迎向嶄新的開始。

占卜解讀

· 接受這個殘酷的事實吧！舊有的方法已經行不通，一切都將被摧毀，但你不會因此而被擊倒。生命就是一連串的死亡與重生，你只需在其中找到慰藉的力量。

14・節制 / 14・藝術

經歷「死神」之後,隨之而來的是充滿詩意、備受喜愛的「節制」。「節制」這個詞源自拉丁文「temperare」,代表融合、混合。這並不是指清教徒所謂的節制、禁止,而是一種類似煉金術的方法。在偉特塔羅中,一位天使正在調和手上的兩杯水,他一隻腳踩在代表潛意識的水中,一隻腳踩在地上,代表有意識、踏實而穩定的。天使的衣服上有一個正三角形,代表火元素。還有一個正方形,代表土元素。正方形的上方有個字母,是希伯來文「yod」、「heh」、「vav」、「heh」,代表上帝耶和華。畫面還描繪了代表春天的鳶尾花,以及遠方的落日。

在托特塔羅中，這張牌名為「藝術」。經歷一場轉化之後，原本的物質轉變為黃金。結合陽與陰、光與暗，所有的對立合而為一。一隻光亮的手，將水注入代表更新的鍋爐中；另一隻黑暗的手，將火融入其中。「戀人」牌中的紅色獅子在這裡變成白色的，原本白色的老鷹變成紅色的。從圖像的變化中，可以推測這張牌是更高形式的「戀人」牌。鍋爐上有一隻渡鴉和一個骷髏，思索著生命的有限性。頭頂上的新月圖形象徵新的開始。背後有一圈刻印文字，內容與青金石有關。青金石是煉金術之石，存在地球內部。牌面下方有一個字母，是希伯來文「samekh」，代表帳篷釘。

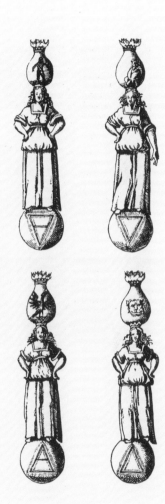

占卜解讀

· 這段時間很適合藝術創作，表達內在之美。

· 生活中的每一件事都會變得很輕鬆、輕盈。

· 實現自我，為自己做些正向的改變，例如參與一些新事物，獲得新的體驗。

· 和諧與寧靜從你的心中升起，它將會為你帶來成功。

15 ・ 惡魔

 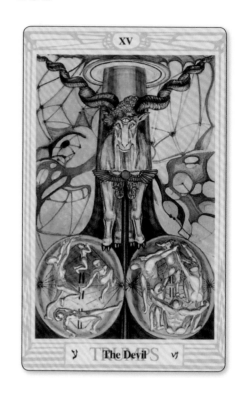

　　接下來的牌是邪惡的「惡魔」，代表人們的困惑與無知。留意最近是否有欺騙的行為發生？有些事情似乎不太對勁，需要仔細檢查。「惡魔」的形式有很多種，他造成的混亂可能會以不同的形式出現。這張牌可能代表姦情、溝通不順或不誠實的行為，例如偷竊或撒謊。「惡魔」由摩羯座掌管，他的頭上有一對山羊角，偉特與托特塔羅皆如此描繪。摩羯座是土象星座，因此「惡魔」也代表對物質的貪婪與渴望。

在偉特塔羅中，一對赤裸的情侶被鎖鏈
拴住，但鎖鍊其實並未拴緊。這對情侶
與「戀人」牌的神情相似，只是在
「惡魔」的牌中，浪漫的氛圍變成
奴役的情境。在托特塔羅中，「惡魔」
長得很像山羊，一群人被蛋形物體包圍，
分別為四名男性、四名女性。

在猶太教、基督教和伊斯蘭教出現以前，「惡魔」的原型是
頭上長出山羊角的神，祂是一個愛玩成性、住在山裡的野人。在希
臘神話中，他是戴歐尼修斯（Dionysus，羅馬名為 Pan），也是
女神的愛人。不過，在塔羅的解釋中，「惡魔」並非取其愛玩、有
趣、誘惑的特質。相反的，由土象星座——摩羯座所掌管的「惡
魔」是關於受限、限制和阻礙。牌面下方有一個字母，是希伯來文
「ayin」，代表眼睛，在這張牌裡代表惡魔之眼。

占卜解讀

· 物質主義，過度沈溺於金錢、成功，也代表不誠實、活在幻象裡、癡迷。

· 給自己一些時間，釐清現況，解決困惑。

· 有些事情確實出錯，需要糾正。

· 現在不適合行動，隨著時間流逝，答案終將浮現。

16 ・ 高塔

　　釐清困惑的過程也許緩慢，但你不需要擔心。被閃電擊中的「高塔」會讓你迅速脫離「惡魔」所建造的監獄。「高塔」出現得快，崩塌得也快。「死神」和「吊人」都是種徘徊的狀態，但「高塔」的速度飛快，迅雷不及掩耳。如同「死神」，「高塔」暗示著你需要摧毀舊有的一切，包括那些限制你、阻礙你成長、不再對你有好處的事物。這個情況也許令人沮喪，但它所帶來的結果是好的，它是一種解放，像逃出監獄一般。「高塔」由火星掌管，代表戰爭和勇氣之神（希臘名 Ares）。「高塔」也象徵動盪，代表這場戰鬥來得快、去得也快。

在偉特塔羅中，兩個受傷的人從「高塔」墜落。金色的屋頂被閃電擊中而掉落，熊熊的火焰形狀貌似希伯來文字母「yod」。托特塔羅描繪破壞之神——濕婆，祂的視線往下看，巨大的火焰便摧毀「高塔」。印度吠陀的三位一體是由創造者梵天、保護者毘濕奴和毀滅者濕婆所組成。破壞的目的是為了清除舊有模式，發展新的道路。牌面下方有一個字母，是希伯來文「peh」，代表嘴巴。

在我多年的解讀經驗裡，「高塔」常意味著離婚。但是「高塔」並非代表一個災難性的結果，相關案例如下：一位朋友想賣掉她的舊車，於是她直接把車子停在路邊兜售。當地的習慣是大家在週末來臨時，會把舊車停在路邊兜售，並討價還價，希望賣到好價格。我的朋友想詢問塔羅關於賣車這件事，她抽到「高塔」。一開始，有人擔心這張牌指的是交通意外，她停在路邊的車可能會發生擦撞之類的事故。但當天早上，她的車一下就賣掉，買賣雙方都很滿意這場交易。這個非常迅速的交易體現「高塔」的另一層涵義。

占卜解讀

· 走出自己的象牙塔，獲得自由。

· 放掉所有的掌控、控制，接受突如其來的改變。

· 不要抗拒，轉變將會來得非常迅速。

· 你的生命將會出現一個新的角色。

· 這張牌可能代表離婚、搬到一個新的區域，或是得到一個跟以往完全不同的新工作。

17 · 星星

　　從「高塔」墜入一片黑暗之中，突然，眼前出現美麗的星星。星星照亮整個世界，一切變得如此祥和。「星星」是一張具有陰性能量的牌，代表理解與接納。這是一種與宇宙融合在一起的感受，你不只是齒輪上的一顆螺絲釘，你同時也是這個巨大的齒輪。「星星」由水瓶座所掌管，是慈愛、善良的象徵，它知道所有的一切都是自己的反射。聚焦於「星星」，將能獲得全宇宙的智慧。要獲得「星星」的智慧，你需要抱持信念和希望，並讓靈感流入。用比較世俗的角度來看，「星星」代表受到他人的注意，擁有正向的影響力。充滿自信、才華洋溢，猶如一顆耀眼的「星

星」。但其實我們每一個人都是「星星」，這張牌也象徵每個人內心之間的深刻連結。

在偉特與托特塔羅中，一個豐滿的女子在美麗的星光下，將冰冷、療癒的水注入湖中。水在許多的靈性傳統裡，都代表療癒的力量。來自聖杯的神聖之水，是希臘眾神的聖水，也是印度教徒所謂的花蜜。在偉特塔羅中，「星星」牌裡的女子上方有八顆閃耀的八角星。17 這個數字可以化為「1+7」，等於 8。與「節制」這張牌一樣，這位女子一腳踏入水中（代表精神），另一隻腳踏在地上（代表物質），雙手將瓶中之水注入湖裡。托特塔羅同樣描繪一位女子將水注入湖中，上方有一顆七角星，「星星」旋轉並散發能量。花朵和蝴蝶圍繞著女子，她的身旁有一顆閃亮的星球。牌面下方有一個字母，是希伯來文「heh」，代表窗戶。

占卜解讀

· 代表靈感、活力、希望、轉變，以及恢復生機。

· 找回自己的生活步調，生命開始有好的轉變。

· 勇敢地往前走，閃耀內在的光芒。

· 不要隱藏、遮蔽自己的光芒。

· 「星星」也代表療癒、健康、平和、和諧與快樂。

18・月亮

下一張牌是變幻莫測的「月亮」，與「星星」一同高掛天空。萬物的流動在「月亮」的韻律中達到平衡。「月亮」的能量影響著地球上的水、潮汐、女人的經期、天氣、人體氣血的流動、動植物的生長，也影響我們的情緒感受。這張牌代表個人發展、成長、改變和演化。「月亮」隨著週期改變，我們內在的變化也是如此。潛在的性格特質、天賦、興趣都將一一浮現。

在一個月亮週期裡有 8 種不同的月相。

我們可以用植物的生長來理解月亮不同階段的變化。

大自然的交替循環，在不同的領域都有通用的原則存在。

1. 新月：如同剛埋進土壤的種子，準備成長，充滿潛力與動力，迎接新的旅程。
   一個新的概念已經化為現實。新月在日出時升起，與落日同步下沉。肉眼無
   法看見新月。

2. 蛾眉月：代表萌芽。種子穿透黑暗潮濕的土壤，向上生長。人們必須有所突
   破，勇於冒險，穿越黑暗，離開熟悉、溫暖的土壤。蛾眉月在午後升起，日
   落後下沉。它是第一個肉眼可見的銀色月亮，可以在傍晚西邊的天空中觀察
   到。

3. 上弦月：象徵成長的階段，植物的根紮得更深，莖部向上生長，越來越強壯，
   成長的速度加快。上弦月於中午升起，午夜時落下。從上升到落下，肉眼都
   可以看見它的蹤跡。

4. 盈凸月：代表植物的花苞，如振動的脈搏，需要開展、綻放。這是一個適合
   改善、淨化的階段。盈凸月於午後升起，黎明前落下。它是一個隆起的月亮，
   準備盛放。從月升到月落，肉眼皆可觀察到。

5. 滿月：像一朵盛開的花，綻放出美麗的光采。在這段期間，人們渴望陪伴，希望擁有深度的交流、融合。滿月在太陽落下時升起，日出時落下。從月升到月落，整個夜晚都看得到滿月。

6. 虧凸月：就像植物的果實，這是一個生命週期的結晶，累積充足的智慧與經驗。在這個階段，你會有很多想分享的經驗，你能活出真實的自我。虧凸月於夜晚升起，早晨落下。從月升到月落，肉眼幾乎都可以看見。

7. 下弦月：豐收的階段。植物結束自己的生命，讓他人取用果實，進而延續生命。這是「月亮」牌的威力之點，是一個反思、轉化的階段。是時候平衡你的內在與外在，並學會在不同角色之間轉換自如。下弦月在午夜升起，中午落下。從月升到月落，肉眼都可以觀察到。

8. 殘月：植物施肥的階段。營養的物質留在土壤中，為下個新的種子提供養分，於是，這個循環就完成。在這個階段我們需要有覺察力、理解力和十足的耐心。殘月在黎明前升起，傍晚時落下。它是最後一個肉眼可見的銀色月亮，可以於黎明西邊的天空中觀察到。

　　抽到「月亮」代表你將會經歷「月亮」的週期共 8 個階段，而且你無法預知最後的結果，如同一株植物的生長，未必能存活到最後。有些人把這張牌解釋為失序抓狂，但事實並非如此。在月相變化的過程中，人們常會有一種失去平衡的感覺。「月亮」由雙魚座所掌管，這是個象徵無常的水象星座。試著保持彈性，順著流走，不需擔心、困惑。保持敞開的心，傾聽你的直覺和內在感受。（雖然在占星裡「月亮」與巨蟹座有關，但是在塔羅的系統裡，巨蟹座掌管的是「戰車」，而非「月亮」。）

偉特和托特塔羅都描繪一扇門，想要轉化就需要通過這個入口。在偉特塔羅中，有條如河川般蜿蜒的崎嶇路徑，走在這條路上，必會經歷許多挫折。但唯有如此，才能有所進展，體驗到一種全新的狀態，如狼演變成犬的過程。河中浮出一隻小龍蝦，牠的身體一半在陸地上，一半潛在水裡。這些野生動物象徵原始的能量。

兩副牌都描繪猶太字母「yod」從天空散落。在托特塔羅中，古埃及的胡狼頭神阿努比斯，也就是死亡之神，以鏡像的方式，站在入口前方，如站哨兵一般。兩隻狐狼分別站在他們的腳邊，下方有一隻聖甲蟲，推著他的糞球，從糞球中又冒出其他的小幼蟲，象徵生命世世代代不斷循環。猶太字母「yod」從天空散落，牌面下方有一個字母，是希伯來文「quoph」，代表手背。

占卜解讀

· 此刻的你處於進化階段。

· 對過去的事不再抱有興趣，但新的感官模式尚未發展完成。

· 蛻變尚未完成，但新的機制已經開始啟動。

· 事情的發展比想像中的慢，而且結果也與你所想的不同。

19・太陽

　　靈魂經歷「月亮」的洗禮後，內在有了轉化，重見天日，沐浴在「太陽」的光輝之中。這張牌由「太陽」掌管，它是這個星系裡最大的星球，所有的行星都圍繞著它運行。「太陽」為我們帶來活力與能量，它的升起象徵希望與機會。幾乎所有的生命都需要來自「太陽」的光和熱。這個炎熱的發光球體引發的活動都是在白天發生，在「太陽」底下是沒有黑暗與困惑的，一切都是如此清晰。「太陽」通常和陽性的能量有關，例如希臘的太陽神阿波羅（Apollo），以及埃及的太陽神拉（Ra）。不過也有象徵太陽的女神，例如埃及的巴斯特（Bast）與毀滅女神賽赫

美特（Sakhmet）、愛爾蘭女神布麗姬（Brigid）與艾婷（Etain）、澳洲的畢拉（Bila）、印度的阿底提（Aditi）、日本的天照大神（Amaterasu Omikami）。

　　偉特塔羅描繪一個具有人臉特徵的「太陽」。在「太陽」之下，有一個天真的孩童散發著光芒，他騎在一匹馬上，顯得非常開心，周圍有一大片向日葵。畫面中還有一只飛揚的紅色旗幟。在托特塔羅中，「太陽」是以12星座來呈現：象徵牡羊座的「公羊」、象徵金牛座的「公牛」、象徵雙子座的「雙胞胎」、象徵巨蟹座的「螃蟹」、象徵獅子座的「獅子」、象徵處女座的「女子」、象徵天秤座的「天秤」、象徵天蠍座的「蠍子」、象徵射手座的「弓箭手」、象徵摩羯座的「海中之羊」、象徵水瓶座的「提水者」，以及象徵雙魚座的「兩條魚」。牌面下方有一個字母，是希伯來文「resh」，代表臉。

占卜解讀

· 成功、繁榮、榮耀、清晰、滿足。

· 象徵事業上的成功、成就，所有的努力都得到回報。

· 你散發出的能量和光芒，如太陽般明亮、耀眼。

20・審判 / 20・新紀元

　　當靈魂取得勝利，沐浴在陽光中，另一個轉變發生。「審判／新紀元」是一張代表重生的牌，象徵靈魂最高層次的轉化。它的轉變不像「死神」那麼劇烈，而是一種正向積極的轉化過程，帶來榮耀和喜樂，預示新的人生、新的覺醒。

　　在偉特塔羅中，「審判」是一張光明、榮耀的牌，代表重獲新生，而不是要被定罪的災難日。這張牌象徵新的機會、新的生活型態。大天使加百列吹響號角，召集死者迎向新的生命。人們回應天使的召喚，此時棺材的門打開，人們重

獲新生。跟隨生命的召喚，那是來自上天的恩典。這種召喚不常出現，只有被選中的人才會聽見。大多時候人們都會拒絕接受召喚。別錯過這個重生的機會，迎向富足的新生命。

在托特塔羅中，古埃及女神努特（Nuit）為「新紀元」獻上王冠。她每天將太陽吞入口中，創造出黑夜。隔天，太陽又透過她重生，創造白天。「新紀元」代表我們所接受的禮物：一道嶄新的光芒。牌卡中有一位埃及神祇荷魯斯（Horus）坐在王位上。誕生的孩童象徵卡巴拉的傳說：我們出生時，都攜帶全部的知識、訊息來到這個世界上。我們知道自己是誰，知道自己的使命，知道關於愛的一切。然而，一位天使從我們的眼前飛過，碰到我們的嘴唇上方（因此在我們的鼻子和嘴之間有一道痕跡），因為天使的碰觸，我們忘記所有的一切。人生的旅程就是要讓我們再次憶起我們原本知道的事物。牌面下方有一個字母，是希伯來文「shin」，代表牙齒。這個希伯來文字母看起來像是由三個胚胎組成的一個形狀。

占卜解讀

· 無論現在面臨什麼情況，你注定要展開一段新的旅程，提升到一個新的層次。這感覺像是要你再次輪迴，體驗一個更好的生命經驗。你不需要透過死亡或離開這個軀體來獲得這個體驗，這是一個非常高的境界。

21・世界 / 21・宇宙

　　經歷「審判／新紀元」的重生，下一張牌是「世界／宇宙」，這是愚者之旅的終點。這張牌描述所有的獎賞、驚喜和喜悅，你只需好好享受。這是 78 張塔羅的制高點，象徵自由、完整和成就。這張牌由土星（希臘名為 Cronos）掌管。這是經過不斷努力、奉獻和自律，才走到的階段。

　　「世界」所描述的成就，是強大而恆久的，不會輕易被竊取。偉特塔羅描繪一位代表勝利的女子，裹著紫色披巾，在代表生命的綠色圓圈中翩然起舞。她的雙手

各握著一支權杖。在托特塔羅中，這張牌被命名為「宇宙」，同樣描繪一位女子在綠色的圓圈中跳舞，但與之共舞的是一條大蟒蛇，象徵亢達里尼的生命能量。偉特和托特塔羅都以固定的形式描繪四元素：火——獅子座、水——天蠍座、風——水瓶座、土——金牛座。牌面下方有一個字母，是希伯來文「tav」，代表結束。

占卜解讀

· 體現世界的美好，集所有驚喜於一身。

· 這個世界是富足的，透過自我實現，你將隨著生命起舞。

　　只有愚者會終止這支生命之舞，從「世界 / 宇宙」中的綠色圓圈走出來。生命是不斷改變、持續流動的，這個旅程也將重新開始。輪迴的圓圈無止盡地重複，象徵人生經驗的塔羅原型會在這個過程中不斷進化，直到我們有意識地提升到新的層次。

第 3 章

小阿爾克納
火 — 權杖

　　塔羅的 22 張主牌描繪一段獨特的內在之旅。剩下的 56 張牌是由 16 張宮廷牌和 40 張副牌組成。16 張宮廷牌可以分為四元素——火、水、風、土。另外 40 張副牌同樣以四元素作區分，由數字 1（或稱 Ace）到數字 10 組成。想要理解這 56 張副牌，就要從認識四元素的每一個特質開始。

　　回想一下，火元素是代表萬物的原始衝動、如火的熱情。占星學裡的火象星座有射手座、牡羊座和獅子座，其中射手座是變動星座（變動的），牡羊座是開創星座（行進的）、獅子座是固定星座（穩定的）。火元素代表行動、意志力、驅動力、創造力和精神。在塔羅的系統中，火元素的象徵物有權杖、棍子和指揮棒。在一般的撲克牌裡，代表火元素的是梅花 ♣。

權杖一

「權杖一」是火元素的第一張牌，結合所有火象星座的特質，也就是射手座、牡羊座和獅子座。所有的 1 號牌（或稱 Ace）旨在呈現該元素最純粹的形式，也因此「權杖一」代表火元素的力量根源。1 號牌是第一個數字，代表新的開始、新的機會。在偉特和托特塔羅中都可以很明顯地看出，「權杖一」的形象象徵陽性生殖器。偉特塔羅描繪從權杖長出的嫩葉，在微光中紛紛掉落，形成希伯來字母「yod」，這是「上帝」一詞的第一個字母。在托特塔羅中，「權杖一」是一根燃燒的巨大火把，發出閃電。「權杖一」象徵創意的種子與火苗。雖然創造力沒有陰陽之分，但「權杖一」呈現的是一種帶有行動力的陽性特質。

占卜解讀

・嶄新的大門已為你敞開，這是一座華麗的劇場，等待你站上舞台展現創意的能量。

・運用你的熱情、力量、創意、動力、野心，打開這扇機會的大門，通往成功的道路。

・這張牌也象徵真命天子、性能量以及熱情。

權杖二

在新的開始之後，下一張牌是「權杖二」。數字 2 是關於夥伴關係、平衡，以及二元對立。二元對立是通往和諧的過程。在偉特塔羅裡，一位男子的手中握有一顆地球，他正仔細地檢視、評估，要如何建立並發展自己的國度？如何完成自己的心願？他想進步、成長，也想四處遊歷、探索。如同權杖所代表的意義，一切的關鍵在於行動。托特塔羅描繪兩支西藏金剛杵，代表陽性能量，也象徵雷電。牌面下方有一個詞「統御」，代表駕馭的能量。牡羊座的主宰星是火星，為這張牌增添強大而堅定的精神力量。火星象徵勇敢的戰爭之神，善於實行、推動新計畫。牡羊座是春分開始的第一個星座，象徵剛萌芽的種子，努力向上生長。火星主宰牡羊座，意謂火星這個紅色星球所具備的侵略性、掌控力和熱忱，最好透過火象星座中的開創星座——牡羊座來表達。

占卜解讀

· 評估自我，積極設立目標。

· 專心致志，直到目標達成，獲得勝利。

· 具備克服困難的勇氣。

權杖三

「權杖三」結合火元素與數字 3 的能量，代表平衡的三位一體。數字 3 也象徵三相女神：少女（Maiden）、母親（Mother）、老嫗（Crone）。神聖三位一體的陽性能量則是聖父、聖子、聖靈。三個邊也能創造出三角形（金字塔的原型）。在數字學中，3 代表聰明、靈巧。偉特塔羅描繪一個男子遙望遠方的船隻，看著船隻航向未知的方向，探索新的疆域。他在思索世界上所有的可能性。托特塔羅把這張牌稱為「美德」，它的星座屬性是「太陽在牡羊座」。牡羊座的人通常做事較衝動，事後才反省。這張牌代表這個行動具有純淨、高尚的品質。

占卜解讀

▪ 偉特塔羅：

· 尋找新的機會，想要冒險、探索新的可能性。

· 是時候展開新的生活。

▪ 托特塔羅：

· 懷抱著一顆無暇、良善的心，展開行動。

· 培養誠信和榮譽之心。

· 善盡職責，完成約定的任務將會為你帶來深刻的滿足感。

權杖四

數字 4 代表完成、建立。「權杖四」代表任務完成，或達成目標。偉特塔羅描繪兩個快樂的人站在城堡前方，歡呼慶祝。他們頭頂上的花環和木架上的果實象徵大豐收。遠處的人們歡欣地擺設宴席。托特塔羅把這張牌稱為「完成」，星座屬性是「金星在牡羊座」。金星象徵愛的女神，這張牌意謂若要緩和強烈的火元素，需要帶著溫柔的品質，才能撫平一切。雖然兩副牌擁有不同的牌義，你只需要根據自己所使用的牌來做解讀即可。當你使用偉特塔羅時，把重點放在牌面上關於慶祝、豐盛的能量；使用托特塔羅時，則把焦點放在事物的圓滿、完成。

占卜解讀

▪ 偉特塔羅：

· 意指成功、繁榮。

· 是時候完成手邊的任務，好好慶祝一番。

· 準備收尾，完成細部修正。

▪ 托特塔羅：

· 這張牌也象徵一段關係的結束。

　　權杖牌組中的 2、3、4 號牌都與火象星座中的「開創星座」——牡羊座有關。接下來的三張牌與火象星座的「固定星座」——獅子座有關。最後三張牌則與火象星座的「變動星座」——射手座有關。在托特塔羅裡，「開創星座」、「固定星座」、「變動星座」這個次序會在副牌裡的四個牌組中重複循環。

　　在塔羅的小阿爾克納裡，數字 5 代表困惑、混亂。然而，在其他的靈性系統中，5 是個正向、強而有力的數字。例如中國道家哲學以「五行」——火、土、金、水、木為根基。直立的五角星代表四元素再加上靈性。我們的身體也體現數字 5 的平衡，例如手腳各有五根指頭，以及人類擁有五種感官。但是在塔羅的系統中，數字 5 代表問題、麻煩。

權杖五

「權杖五」代表衝突、爭執。偉特塔羅描繪一個混亂的衝突場面。大家的意見出現分歧，關於要做什麼、如何進行，每個人都有各自的想法、目的、計畫和方法。在托特塔羅裡，這張牌的屬性是「土星在獅子座」。土星代表努力、責任和限制。獅子座位於天宮圖的第五宮，象徵創意、浪漫和渴望。因此，這張牌代表在表達創意的過程所面臨的限制和框架。牌面的下方有一個詞「競爭」，代表我們承受的壓力。請記得，與火元素相關的牌都象徵行動。「權杖五」不是指情感（水）、金錢（土）或想法（風），而是關於行動，例如完成一個計劃中的案子，或願意踏出第一步。

占卜解讀

· 競爭、混亂、對抗、瑣碎的問題。

· 關於自己想做的事，出現一些阻礙。

· 被阻止、限制，感覺被淹沒。

· 得不到他人的支持。

· 是時候回歸內在，覺察自我。

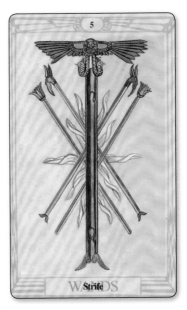

權杖六

「權杖五」比較負面，代表麻煩和問題，而「權杖六」則非常不同，它是一張很正向的牌，代表成就、榮耀。數字 6 象徵平衡、完美、和諧，如同六角星這個完美的形狀。在卡巴拉生命之樹裡，6 的位置稱為「美」（tiphareth），代表美麗、和諧、完美之地。偉特塔羅描繪一位凱旋歸來的騎士，被一群崇拜者圍繞。他頭戴月桂葉，這是象徵勝利的皇冠。上一張牌所代表的衝突已經被解決，一切恢復和平。在托特塔羅中，這張牌的屬性是「木星在獅子座」。木星是最大的行星，象徵豐足，也代表展開行動，獲得成功。牌面的下方有一個詞「致勝」。

占卜解讀

· 凱旋歸來。

· 樂觀、進展、正向的結果。

· 認同或讚美。

· 正確地運用創意能量。

權杖七

在數字學裡 7 是一個很靈性的數字，代表追尋、探求。在塔羅牌裡，7 象徵內在的追尋，以及對更高層次的好奇、渴望。偉特塔羅描繪一個男子勇敢地抵抗攻擊者。若要持續奮戰，他需要更多力量和一顆堅持不懈的心。然而，這場戰並不值得打。托特塔羅把這張牌稱為「勇氣」。儘管內心有些懷疑、困惑，我們仍然可以選擇堅持下去，獲得成功。「火星在獅子座」呈現戰爭之神與獅子的強大力量。數字 7 也暗指個人內在的衝突、與自我之間的對抗。我們也許可以維持外在的美好狀態，一切看似完美，然而內在卻有可能是非常不平靜的。

占卜解讀

· 自我懷疑的時候，仍要鼓起勇氣、站穩腳步，好好面對困境。

· 檢視自己，往內探尋，試問：我願意把精力花在這件事上嗎？這對我有幫助嗎？適不適合再繼續做下去呢？

數字 4 代表完成，
而數字 8 是由兩個 4 組成。

把數字 8 平躺，
就形成一個無限大的符號。

權杖八

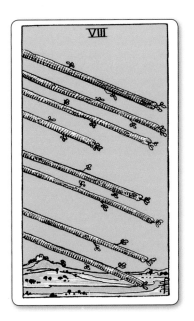

「權杖八」的行動是指完成一件事的過程，也代表通往無限的過程。例如，當我們吃完東西，結束用餐後，下一個用餐時間到了，仍會繼續進食。我們都會祈禱，而祈禱就是一種無窮無盡的表達過程。「權杖八」的行動是指在生命裡會一直持續的行為。權杖牌組裡最後 3 張副牌是由射手座掌管。所有的事情都來得快，去得也快。偉特塔羅描繪「權杖八」快速穿越眼前的一大片風景。由於「權杖八」是飛向地面，在某些情況裡，意指快速地沉醉、迷戀，然後又很快地離開，如曇花一現。托特塔羅把這張牌稱為「迅捷」，星座屬性是「水星在射手座」。水星是由快如閃電的訊息使者墨丘利掌管，為這張牌增添速度感和熱忱，加快事物的進展。這張牌還繪有一道彩虹，彩虹是肉眼可見的七彩光譜。

占卜解讀

· 生活充滿驚喜與期待，變化多端。

· 事件快速地發生，充滿巧合。

· 一切順利進行。

· 你的世界變得很有趣，時間好像不存在一樣！好好享受這種順流的感覺。

權杖九

9 是一個非常有力量的數字，可以化為 3×3，或是 3+3+3。數字 9 所蘊含的力量是很龐大的，它是最大的個位數字。偉特塔羅描繪一個正在站哨的男子，他已經設想所有可能發生的情況，準備好隨時戰鬥、抵擋攻擊。他站穩腳步，鞏固自己的領地。不過他的頭上纏著繃帶，看起來有些疲倦。托特塔羅對於「權杖九」有不同的解釋。托特塔羅把這張牌稱為「力」，畫面中有 9 支代表勝利的箭矢，這張牌的星座屬性是「月亮在射手座」。月亮掌管情緒，這張牌意指情緒和行動的力量。我們可以把這張牌看做是三倍「權杖三」的力量展現。

占卜解讀

- 不畏艱辛、不屈不撓。

- 堅持自己的立場，展露光芒。

- 戰鬥的能力。

權杖十

10 是這個權杖牌組的最後一張。站在這個頂端，有太多事情要做，需要投入大量時間和精力，這是一個火元素過多的狀態。偉特塔羅描繪一個男子扛著「權杖十」，感覺非常辛苦，筋疲力盡。托特塔羅把這張牌稱為「壓迫」，描繪火元素被囚禁在監獄中。這張牌的星座屬性是「土星在射手座」，與「權杖五」「土星在獅子座」所象徵的限制類似。但「權杖十」面臨更多的困難，是雙倍的能量，而射手座無法承受這種限制。

占卜解讀

· 扛了太多的責任與承諾，快要喘不過氣。

· 需要釐清事情的優先順序，看哪些事情需要優先處理。

· 你可以安慰自己，事情不會再更糟，因為「10」已經是最大的數字，不會再有更多的壓力和負擔。

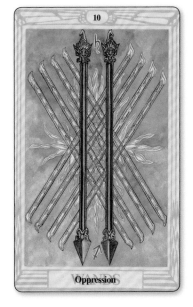

權杖
宮廷牌組

　　權杖牌組所探討的主題是以「行動」為出發點，包括：創造、統御、美德、完成、競爭、致勝、勇氣、迅捷、力和壓迫。權杖牌組的四張宮廷牌則是以人格化的方式來呈現這個主題。

　　偉特和托特塔羅的宮廷牌都有「王后」和「騎士」，但剩下的兩張宮廷牌卻不一樣。

偉特塔羅的宮廷人物包含：「國王」和「侍者」。
托特塔羅的宮廷人物包含：「王子」和「公主」。

偉特塔羅	托特塔羅
王后	王后
騎士	騎士
國王	王子
侍者	公主

　　偉特塔羅是以陰性特質的「王后」和陽性特質的「國王」來象徵成熟的成年人，並以陽性特質的「騎士」和陰性特質的「侍者」來象徵青少年以及其青澀的狀態。托特塔羅以陰性特質的「王后」和陽性特質的「騎士」來象徵成熟的成年人，並以陽性特質的「王子」和陰性特質的「公主」來象徵青少年以及其青澀的狀態。

　　使用塔羅牌做解讀時，宮廷牌的性別或年紀，並不會每次都跟當事人相符。例如，一個男子在解讀中抽到「王后」，代表他的陰性層面是非常有創意而活躍的。一個女子抽到「國王」，代表她的陽性層面較活躍。如果一個孩子抽到「王后」或「國王」，他的行為舉止可能是很成熟的。如果是成年人抽到「侍者」或「公主」，代表他可能很小孩子氣，不夠成熟。

權杖王后

（偉特和托特塔羅）

「權杖王后」是一位充滿自信的女人，她象徵創意、精力充沛、主動、振奮人心、有趣、和善。「權杖王后」非常有魅力，真誠而且非常關心他人的福祉，也因此受到大家的喜愛，每個人都希望與她建立友誼。然而，當她受到挑戰時，會顯露出她的脾氣。「權杖王后」的形象就像美國的自由女神，她高舉火炬，頭頂的皇冠散發出耀眼的光芒。偉特和托特塔羅都描繪一位頭戴皇冠，坐在王位上的女人。偉特的「權杖王后」一手握著巨大的權杖，一手拿著太陽花，象徵陽光。她的王位上有獅子的雕刻，腳前有一隻黑色的貓。當她坐下的時候，雙腳膝蓋是分開的，象徵性能量。偉特塔羅的所有王后牌中，只有「權杖王后」是如此。在托特塔羅裡，「權杖王后」坐在火焰形成的王位上，她也握有一支巨大的權杖，頭頂的皇冠散發著光芒。她的力量動物是花豹。「王后」是女性，也象徵水元素，水元素是擁有最多陰性能量的元素。

Queen of Wands

「權杖王后」

象徵火中之水，柔軟的水代表情感。火元素的行動力加上水元素的細膩，形成一個受歡迎的女性特質。

「權杖王后」對應所有的火象星座：射手座、牡羊座、獅子座。

占卜解讀

· 展現你的創造力和力量。

· 打開大門，準備行動。

· 不要隱藏自己的光芒。

· 今天就讓自己戴上王冠，好好當一位王后吧！

· 如果你願意懷抱熱情、鼓起勇氣行動，會有非常好的結果。

權杖騎士

（偉特和托特塔羅）

這一位積極的「騎士」喜歡冒險、旅行以及一切令人興奮的事物。「權杖騎士」的駿馬用後腳站立，準備跳躍，他的手中握有一支象徵陽性能量的權杖。在偉特塔羅中，權杖長出嫩芽，在托特塔羅裡，權杖燃起火焰。「權杖騎士」象徵火元素裡最活躍、熱情的部分，有如熊熊烈火。這個雙倍的火焰力量，營造出的形象是一個充滿熱忱、奮力向前、擁有十足的熱情和創造力的人。「權杖騎士」對應所有的火象星座：射手座、牡羊座、獅子座，但是最主要對應的是火象星座中的變動星座——射手座。

占卜解讀

· 前方的道路非常清晰。

· 充滿信心，想要發掘新鮮好玩的事物，喜歡冒險。

· 旅行。

· 這張牌也象徵獵豔者，不在乎承諾。

「騎士」是男性，
象徵火元素。

火元素是擁有最多
陽性特質的元素。

權杖國王

（偉特塔羅）

他是一位英明的國王，頗有威嚴。他充滿自信，極富創意，靈活而敏捷。「權杖國王」擁有堅強的意志力，運用權威的力量統治人民。他坐在王位上，拿著一支巨大的權杖，象徵火元素。「權杖國王」是一位負責任、威嚴而有魄力的國王。他周圍的動物也與火元素有關：火蜥蜴和獅子。所有的「國王」都象徵掌管、控制，「權杖國王」象徵一位能掌控一切與火元素有關的大師。

占卜解讀

· 力量、尊敬。

· 成熟、成功的企業。

· 一切都在你的掌控中。

· 前方道路清晰，你能好好掌握，拔得頭籌。

· 培養並學習表達自己的陽性能量能協助你獲得成功。

權杖侍者

（偉特塔羅）

年輕的「權杖侍者」懷抱希望，他像一位流浪者、追尋者，渴望學習。「權杖侍者」帶著巨大的權杖啟程，把權杖當作協助步行的拐杖。帽子上方的紅色羽毛象徵好運，背後有幾座金字塔，與「權杖騎士」的背景相似，象徵旅行。如同火元素的人格特質，他充滿熱情，樂觀而正向。「權杖侍者」非常年輕，因此這張牌象徵新的方向和冒險，也代表成長和探索。

占卜解讀

· 好運降臨。

· 新的創意、想法、希望。

· 新的學習機會、進步的可能。

· 在某些情況裡，代表出國旅行。

權杖王子

（托特塔羅）

「權杖王子」是「火中之風」，象徵思維和行動。他是一位身披戰袍的戰士，駕馭一輛由獅子拖曳的火焰戰車，獅子是火象星座中獅子座的象徵。「權杖王子」的特質是迅速敏捷、強壯、高貴、奢華、慷慨，與其他火象星座一樣行事衝動。

占卜解讀

· 這是個讓自己進步的好時機。

· 所有的困難都變得簡單。

· 靈活的行動將會讓你更容易達成目標。

· 勇氣、獲得勝利、能力提升、奉獻、美德。

· 如果你位居上位、擁有權力，那麼就幫助他人，讓他們也同樣獲得成功與好運。

權杖公主

（托特塔羅）

她是一位感性、大膽、美麗又熱情的年輕女子，有點像現代版的派對女孩，散發出一種幽默、有趣、好玩的特質。「權杖公主」象徵火中之土，是火元素的燃料。她全身赤裸，頭髮是由巨大而閃亮的羽毛構成。當她在慶祝時，旁邊的祭壇也跟著燃起熊熊火焰。

占卜解讀

· 讓自己開心點！跳個舞，慶祝生命的美好。

· 慶祝能帶來喜悅和繁榮，也能療癒身心。

· 這張牌也意指靈性的滋養。

第 **4** 章

小阿爾克納
水 ── 聖杯

　　代表陽性能量的火元素，與代表陰性能量的水元素是相輔相成的。火元素象徵主動出擊，水元素則象徵被動接受。水，是生命的起源，不僅體現生命從海洋演化、進化的意義，也體現生命誕生於子宮羊水的意涵。水是所有生命不可或缺的一部分。

　　水元素掌管一切細膩柔軟的部分。以占星的角度來看，水象星座有不同的形式，例如：變動星座──可改變的、開創星座──行進中的、固定星座──穩定不變的。水象星座中的變動星座是雙魚座，開創星座是巨蟹座，固定星座是天蠍座。與水元素相關的議題是情緒、感受、心靈狀態、靈性方面的信仰。塔羅牌是以聖杯來象徵水元素，一般的撲克牌是以愛心 ♥ 象徵水元素。

聖杯一

「聖杯一」是水元素的第一張牌,是水元素的力量根源。它結合三個水象星座的特質:雙魚座、巨蟹座、天蠍座。偉特和托特塔羅都描繪大聖杯,象徵孕育生命的子宮。兩張牌也描繪象徵純潔的睡蓮。偉特塔羅的牌面上有一隻代表聖靈的鴿子,嘴上叼著一片聖餐餅。聖杯象徵在儀式中使用的器皿。這張牌代表豐盛、滿足、豐饒多產、美麗、愉悅。這個情境如同墜入情網,感受到極大的喜悅,也象徵連結靈性而得到指引,自己好像一個器皿,被喜悅填滿。

占卜解讀

· 表達愛、情緒和感受。

· 被純潔美好的事物圍繞。

· 因為某個靈感或靈性的議題,而產生新的開始、新的機會。

聖杯二

生命的泉源流經「聖杯一」之後，接著來到「聖杯二」。數字 2 是關於夥伴關係，偉特塔羅描繪一對可愛的情侶舉杯慶祝，並為他們之間忠誠的關係獻上承諾。聖杯之上有一支墨丘利的手杖，上面有個長著翅膀的獅頭。手杖上有兩隻互相纏繞的蛇象徵療癒，在這張牌裡代表的是愛的療癒。獅子是煉金術裡的紅色獅子，象徵熱情。托特塔羅描繪兩隻交纏在一起的海豚，牌面下方有一個字「愛」，它的星座屬性是「金星在巨蟹座」。金星象徵愛神，與巨蟹座融合。巨蟹座是水象星座中的開創星座，象徵家庭和母親。「聖杯二」代表平衡、滋養的愛。

占卜解讀

· 平等的愛、夥伴關係、靈性團體。

· 關懷、親密、慈悲與和諧。

· 因為巨蟹座掌管的議題是家庭，這張牌也象徵把多數時間奉獻在家庭上。

· 維納斯女神將會守護、維持這個和諧。

聖杯三

「聖杯三」為我們帶來新的平衡。偉特塔羅描繪希臘的美惠三女神，她們舉杯慶祝，歡欣鼓舞。前方的南瓜象徵靈性上的收穫，也象徵秋季情緒高昂。托特塔羅把這張牌稱為「豐盛」，特別指情緒、精神上的豐盛圓滿。這張牌的星座屬性是「水星在巨蟹座」，代表內在的情緒感受和個人的創造力能夠很順暢地被表達。受到巨蟹座母性能量的影響，這張牌帶有安穩、安全的感覺。雖然這是一張副牌，但卻是塔羅裡非常重要的一張。它呈現出一種很美好、愉悅、充滿信任的情境和氛圍。

占卜解讀

· 慶祝、歡樂、愉悅、歡欣、滿足。
· 身旁有很多人能與你溝通、交流、分享彼此的生活。

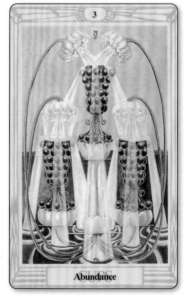

聖杯四

偉特塔羅的「聖杯四」描繪一個男子拒絕他人的贈予，不願接受第四個聖杯。數字 4 代表完成，他覺得已經足夠，不需要再拿取更多。受贈的「聖杯」雖然寶貴，卻被他人拒絕，有一種「謝謝你，但是我不需要」的意味。然而，在托特塔羅中，這張牌被稱為「奢華」，代表過度、過多。它的星座屬性是「月亮在巨蟹座」，月亮本身就掌管巨蟹座，因此這張牌是非常有力量的。（巨蟹座的人通常被稱為「月亮小孩」）

占卜解讀

▪ 偉特塔羅：

· 不滿足、厭倦、憤慨、冷淡、缺乏熱情。

· 不想接受他人的給予。

· 已經滿足，不想再涉入任何情感，不想要有情緒上的牽扯。

▪ 托特塔羅：

· 奢華。

· 輕鬆、簡單、滿足、舒適。

· 和諧的流動。

聖杯五

「聖杯五」描述一種不舒服的感受，例如痛苦、失落和悲傷。偉特塔羅描繪一位穿著喪服的傷心男子，地上有三個掉落的聖杯，另外還有兩個直立的聖杯。兩好三壞，壞消息多過好消息，象徵期待落空。然而，有兩個聖杯是滿的。這張牌的背景有一條河，河水上方有一座橋，象徵新的道路就在不遠處。托特塔羅把這張牌視為麻煩，它的星座屬性是「火星在天蠍座」。火星掌管天蠍座，致使天蠍座常常陷入自我交戰。睡蓮這個象徵符號貫穿整個聖杯牌組，代表純淨、真實。不過，在托特塔羅裡「聖杯五」呈現的是一朵腐壞的睡蓮，它的根部纏繞、打結成團，象徵在平靜的外表下，內在卻極度混亂。牌面下方的詞是「失望」。

占卜解讀

 情緒的低落、失落、悲傷。

 哭泣、哀悼，釋放內在的失落。

聖杯六

6 是一個完美的數字，在卡巴拉的系統裡，6 代表美、平衡與和諧。偉特塔羅描繪天真快樂的孩童在一片滿是田園風光的花園裡玩耍，旁邊有一棟大房子。孩子被花朵和聖杯圍繞著，有一種被保護的感覺。這張牌呈現一種良善美好的氛圍。在托特塔羅裡，這張牌的星座屬性是「太陽在天蠍座」，代表熱情、深層的情感與靈性。明亮的「聖杯六」就像一盞明燈散發著光芒。花的根部是金色的，看起來很強壯，與前一張牌纏繞打結的根有很大的不同。這張牌呈現一種流動、平衡、對稱的感覺。人們可以接受並體會生命不同的經驗和情緒。這張牌所呈現的喜悅、舒適感是「聖杯三」的雙倍。

占卜解讀

· 享受生命，徜徉在這個輕鬆、自在、美好的感覺中。

· 和諧地給予和接受。

· 舒適的人際關係和情感狀態令人享受，且富有啟發性。

聖杯七

數字 7 是關於詢問、探求。在聖杯牌組裡，這個提問是：人們的情感需求是什麼？如何滿足心理和精神的需求？偉特塔羅描繪 7 個聖杯，象徵 7 個選擇：美麗的臉龐、神秘的面紗、一隻毒蛇、一座城堡、成堆的珠寶、代表勝利的王冠，和一隻龍。然而，這些選擇都是幻覺。托特塔羅的牌面下方有一個詞「沉淪」，牌裡描繪潮濕、有缺角的聖杯。它的星座屬性是「金星在天蠍座」。金星象徵維納斯女神，也就是愛的女神，呈現一種輕鬆愉悅的藝術感，然而，天蠍座帶有一種強烈、神秘而魔幻的感覺。這兩者的結合其實不太協調。縱情酒色、酗酒、藥物濫用、濫交等行為只會造成混亂。唯有運用清晰的內在視野，才能辨別什麼是真實，什麼是幻象。

占卜解讀

· 不切實際的渴望和目標。

· 癡心妄想。

· 不成熟的妄念、白日夢、可笑的幻想。

· 虛無飄渺。

聖杯八

數字 8 象徵無限，「聖杯八」旨在探討一段情感是否要繼續下去。偉特塔羅描繪一個人轉身離開「聖杯八」，往深山走去，想尋找新的道路。新月象徵新的開始，拋棄舊有事物。托特塔羅把這張牌稱為「怠惰」或「懶散」，它的星座屬性是「土星在雙魚座」。土星限制雙魚座變動、流動的特質。但是變動星座是無法忍受被約束的。「聖杯八」裡的水是黑暗、陰鬱的，好像被情緒淹沒，無法呼吸。在大多數的案例中，人們受到土星的影響，長時間深陷在這個情緒裡。

占卜解讀

· 感到無趣，失去興致。

· 在投入下一個階段前，先好好休息，療癒、滋養自己。

· 此刻最好的做法是好好跟過去道別，學會放下。

聖杯九

「聖杯九」是由神奇的數字 9 和美妙的水元素結合，呈現出和諧、快樂的感覺，是三倍「聖杯三」的能量。偉特塔羅描繪一個男子身穿華服，心滿意足地坐在椅子上。他的上方有一個由「聖杯九」排列而成的圓弧形。托特塔羅則描繪 9 個發光的聖杯，杯中湧出水。它的星座屬性是「木星在雙魚座」，兩者是最佳的組合。在木星和善特質的影響下，雙魚的感性與心靈能力得以擴展、流動，釋放來自土星，也就是上一張牌的限制能量。

占卜解讀

· 快樂、和平、和諧、滿足。

· 各種機會、幸運的事件到來。

· 水到渠成。

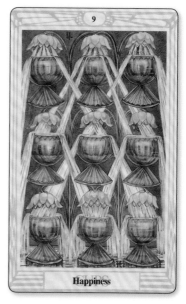

聖杯十

「聖杯十」是水元素的頂點、高峰。偉特塔羅描繪一個溫馨和樂的家庭站在「聖杯十」所形成的彩虹之下，象徵家庭和樂、幸福滿足。托特塔羅則描繪 10 個聖杯排列成生命之樹的形狀。卡巴拉的生命之樹象徵宇宙地圖，樹上的每一個節點（也稱為「薩弗洛斯」）都繪有一只滿溢的聖杯。它的星座屬性是「火星在雙魚座」，意謂猛烈的火星受到雙魚座溫柔能量的影響變得更柔軟。托特塔羅的牌面下方有一個詞「饜足」，代表一種滿足的狀態。這張牌也象徵關係良好，是一張非常幸運的牌，特別是戀愛方面。

占卜解讀

· 滿足、快樂的家庭生活。

· 真正的友誼和精神上的滿足。

聖杯
宮廷牌組

聖杯牌組所探討的主題是以情緒、感受為出發點，包括：愛、豐盛、奢華、失望、享樂、沉淪、怠惰、快樂、饜足。聖杯牌組中的四張宮廷牌則是以人格化的方式來呈現這個主題。

聖杯王后

（偉特和托特塔羅）

塔羅裡的所有王后都象徵水元素。「聖杯王后」是水中之水，呈現出水元素的極致。她是陰性精神力量的古老象徵，協助我們連結內在深層的感受和直覺。「聖杯王后」的特質是夢幻、浪漫、溫暖和美麗，她富有詩意，擁有靈性和直覺，充滿神秘的色彩。「聖杯王后」是一位忠實的妻子、充滿愛的母親，也是一位溫暖真誠的朋友。她可以凝視水面預知未來。「聖杯王后」也像一隻美人魚，透過貝殼鏡子看見內在的自我。在偉特塔羅裡，王后的寶座座落在水邊，一條小溪流經她的雙腳，而她正注視著一只華麗的聖杯。她的寶座上有著美人魚的天使雕刻。在托特塔羅裡，「聖杯王后」注視著自己的倒影。雖然她外表溫柔，內心卻很剛強，有著堅定不移的決心。她的王位座落在平靜的水面上，光線遮住了她。

她的貝殼上有一隻小龍蝦，身邊還有一隻象徵王后的小鳥。白色蓮花代表純潔，也是聖杯牌組的象徵物。「聖杯王后」對應所有水象星座：雙魚座、巨蟹座、天蠍座，但主要對應的是巨蟹座。

占卜解讀

· 信任並跟隨自己的感覺。

· 享受給予和接受的快樂。

· 接受靈性的直覺與夢境。

· 此刻，適合好好表達內心的感受，並接受潛意識的訊息。

· 滋養自己與他人。

· 這張牌象徵愛、和平、快樂。

聖杯騎士

（偉特和托特塔羅）

在兩副牌裡，聖杯騎士的手都握著聖杯。聖杯象徵女性的子宮，代表永恆的陰性能量。偉特塔羅描繪的是一位具有騎士風範、手持聖杯的男子。他擁有豐富的想像力，舉止溫和而優雅。他並非一位好戰的騎士，相反地，他是一位浪漫的詩人。所有的騎士都象徵火元素，然而「聖杯騎士」的行動（火元素）伴隨著同理心（水元素），帶來療癒和幸運的能量。騎士頭盔上的翅膀象徵創意和想像力。托特塔羅描繪一位擁有天使翅膀的男子騎著白色戰馬。他的手上也握著一只聖杯，聖杯裡浮出一隻螃蟹，象徵水象星座裡的巨蟹座。他的力量動物是孔雀，孔雀以雄偉、華麗的羽毛聞名。

占卜解讀

· 如果你覺得被困住、停滯不前，那麼這張牌將會為你帶來好運、靈感、進步的空間、新的機會與友誼，讓你感到滿足。

· 這張牌與「命運之輪」相似，可以說是情緒版的「命運之輪」。

「聖杯騎士」是所有騎士牌裡最特別的一個，他代表的是聖杯傳說（Grail Legend）裡的騎士。

聖杯傳說是一個尋找聖杯的寓言故事，象徵尋找生命的意義和真理，以及尋找生命的救贖。

聖杯國王

（偉特塔羅）

這是一位仁慈、慷慨的國王，他情感豐富，富含同理心。國王的左手握著象徵君權的節杖，右手握著聖杯。他的王位漂浮在海面上，背景有一艘船以及海豚。船象徵探索情緒的內在之旅，而聰明敏銳的海豚是國王的力量動物。所有的國王牌都代表統治、掌握，因此，聖杯國王代表統御所有關於水元素的一切。

占卜解讀

· 情感上的成熟、仁慈、和藹。

· 象徵一個靈性或宗教上的人事物。

· 體貼、滋養、協助他人的能力。

· 有創意，具有藝術家的天份。

聖杯侍者

（偉特塔羅）

聖杯侍者描繪一位身穿華服的年輕人手持聖杯，聖杯裡浮現一隻小魚。小魚代表創意、靈感和想像力，也象徵幸運、夢境和敏銳的心靈。背景是一片溫柔而寧靜的大海。年輕人和聖杯裡的小魚營造出一種和諧、愉悅的氛圍。

占卜解讀

· 好消息、快樂、滿足。

· 好玩有趣的創意。

聖杯王子

（托特塔羅）

「聖杯王子」是水中之風，象徵思維與直覺。他是一位薩滿巫師，乘坐由老鷹拖曳的鸚鵡螺貝殼，老鷹象徵水象星座裡的天蠍座。老鷹帶著清晰的視野，盤旋在天空的最高處。「聖杯王子」右手握著象徵純潔和真理的蓮花，左手拿著一只聖杯，杯中浮現一隻蛇。蛇會脫皮，象徵死亡和重生。王子的頭盔上有一隻鳳凰，這個畫面與「死神」牌類似。「聖杯王子」擁有強大的創造力和熱情，心思敏銳並帶有一點神秘感。畫家畢卡索就是天蠍座的代表，而且他是在蛇年出生，體現這張牌的人格特質。

Prince of Cups

占卜解讀

· 準備好探索更深層的情緒，釋放不再需要的情緒。這個經驗與薩滿所謂的死亡類似，是一種實相的轉變，你將會擁有全新的、清晰的視野。

· 真誠的態度與全然的信任將會為你帶來好運，協助你達成目標。

聖杯公主

（托特塔羅）

Princess of Cups

「聖杯公主」令人印象深刻，她具有藝術家的性格，心思細膩、甜美浪漫、溫柔善良，並擁有敏銳的觀察力。如果旁人無法理解她的細膩和敏感，「聖杯公主」可能會不自覺陷入受害者的角色或變成烈士。若有誤會發生，她很可能會被利用，因而受傷。「聖杯公主」穿著飄逸的禮服，在波浪中翩然起舞。她的力量動物是天鵝、烏龜和海豚。所有的「公主」都代表土元素，「聖杯公主」結合精神（水元素）與物質（土元素）這兩個部分，實際例子有舞蹈藝術、雕刻藝術等。

占卜解讀

· 一個有創意、熱愛自由的靈魂，擁有天真、單純的心。

· 懷抱赤子之心，充滿好奇地度過每一天。

· 由於這類型的人不適合在商業世界與人鬥爭，這張牌也代表職場上的犧牲者、烈士，或象徵微薄的收入。

· 有依賴他人的傾向。

· 避免不切實際的幻想而遭遇失敗。

第 **5** 章

小阿爾克納
風 — 寶劍

　　風元素對應我們的心智、想法和思維。風，可以指微風、我們肺部裡的氣息、地球上的空氣等等。在占星學裡，風象星座的變動星座是雙子座，開創星座是天秤座，固定星座是水瓶座。（雖然水瓶座的圖形是盛水的器皿，但它並不是水象星座。）在塔羅牌裡，風元素象徵陽性能量，並以「寶劍」為象徵物。當你猶豫不決、感到困惑，「寶劍」的能量可以為你帶來清晰的思維、創意的視野和啟發。在一般的撲克牌裡，代表風元素的是黑桃♠。

　　我們的頭腦常常被擔憂、疑惑和恐懼佔據，頭腦會自動抓取很多對我們沒有幫助的資訊，阻礙我們內在的成長。也因此，大多數的「寶劍」牌都象徵困難、困境。當我們面臨「寶劍」牌所象徵的混亂，最好的解決辦法是靜心。瑜伽、深呼吸、唱誦、祈禱、步行、沐浴都是很好的方法。

寶劍一

「寶劍一」是風元素的第一張牌,象徵風元素的力量來源。它結合三個風象星座的特質,分別是雙子座、天秤座、水瓶座。偉特和托特塔羅都描繪一支華麗的寶劍,上方有一頂皇冠,呈現一種力量感。在偉特塔羅裡,一隻強壯的手臂從雲朵伸出,手裡握著巨大的寶劍,有如亞瑟王傳奇中的石中劍。希伯來字母「yod」從天空中散落。寶劍上有著象徵和平的橄欖葉,以及象徵勝利的月桂葉。在托特塔羅裡,「寶劍一」的上方有一個發光的圓環。

占卜解讀

· 靈感、頓悟。

· 有了新的想法或見解,原本的疑惑消失。

· 清晰的思維能聚焦於重點。

· 開放的溝通。

· 因為意識的擴展而感知到一切。

· 這張牌可以代表重返校園學習、創作書寫或提升自己的感知力。

寶劍二

「寶劍二」結合數字 2 的二元性以及風元素的特質（抽象的想法）。偉特塔羅描繪一個矇眼的女子坐在海邊，她的手裡握著兩把寶劍，試圖維持平衡。這張牌與主牌「正義／調節」類似，只是沒有那麼強烈。這張牌並非代表猶豫不決或面臨兩難，而是真相終將浮現。托特塔羅描繪兩支平衡的寶劍。牌面下方有一個詞「寧靜」，代表平靜的心。它的星座屬性是「月亮在天秤座」，代表情緒和心的平衡。當你的心境（天秤座）是和諧的，情緒（月亮）也就能回歸平衡。

占卜解讀

· 心的平靜與和諧。

· 因為這是一張副牌，如同撲克牌的黑桃 2。我們只需找到內在的平衡，不需要過度放大這個議題。

寶劍三

「寶劍三」象徵三倍的痛苦感受。偉特塔羅描繪一顆飽滿的心臟，上面插著三支寶劍，天空烏雲密佈，呈現一種心碎的感覺。托特塔羅則是描繪一朵花被「寶劍三」刺穿，牌面下方有一個詞「悲傷」。這張牌代表因逝去而感到悲傷。它的星座屬性是「土星在天秤座」。「天秤座」是關於情感議題、夥伴關係，在這裡受到土星的影響而失去平衡。雖然這是一張副牌，但它所呈現的情緒是很深刻的。牌面上的黑暗色彩呈現出「寶劍三」沈重、嚴肅的能量。

占卜解讀

· 一顆破碎的心、令人傷心的情感關係。

· 爭吵、難過。

· 釋放心裡的痛苦，流淚、哀悼都是很好的方式。

寶劍四

數字4代表完成，「寶劍四」象徵療癒的契機。這張牌意指戰爭已過，終於可以躺下來好好休息。偉特塔羅描繪一個騎士躺在棺材上休息，他的身旁有一支寶劍，另外三支懸掛在上方。這張牌並非代表死亡，而是療癒。彩色玻璃窗描繪的畫面是耶穌基督在祝福他的追隨者。托特塔羅則描繪四支平衡、對稱的寶劍，牌面下方有一個詞「休戰」。它的星座屬性是「木星在天秤座」，為這張牌增添和諧、療癒之意。中間的蓮花象徵和平與純淨。

占卜解讀

· 休息、撤退。

· 宣告停止、停戰。

· 雙方沒有輸贏，也沒有相互責怪。

· 問題仍待解決，但此刻請先好好休息。

寶劍五

在所有的牌組裡，數字 5 都代表問題、混亂。「寶劍五」象徵困惑、挫敗、衝突。偉特塔羅描繪一陣暴風來臨，勝利者站在前方，落敗者轉身離開，將戰敗的武器丟在地上。大家的觀念和想法不同，因為意見相左而爆發衝突。托特塔羅的牌面下方有一個詞「擊潰」，描繪五支扭曲的寶劍和血淋淋的淚水。它的星座屬性是「金星在水瓶座」，金星是關於愛的議題，所以這張牌也代表情感關係中的挫敗。

占卜解讀

· 沒有興趣，失去希望。

· 盡全力想要力挽狂瀾，仍無法改變現況。

· 面對現實，接受現況。

寶劍六

6 是一個完美的數字（在卡巴拉系統裡象徵美好），所以「寶劍六」是張正向的牌。偉特塔羅描繪一位船夫載著乘客渡河，河水象徵悲傷的情緒。乘客即將到達一個更好的地方，一個平靜和諧之地。托特塔羅描繪 6 支平衡對稱的寶劍，牌面下方有一個詞「科學」，它的星座屬性是「水星在水瓶座」。這張牌的能量協助我們運用科學的方法和理性的思考，找到解決問題的辦法。

占卜解讀

· 平衡的心智、療癒。

· 暴風雨過後的平靜。

· 理性的溝通。

寶劍七

「寶劍七」是關於內心的交戰。偉特塔羅描繪一個男子正在竊取寶劍，他的行為如同深夜裡的小偷。這張牌的背景是個軍營，象徵戰事、戰爭。托特塔羅則是描繪弧形排列的寶劍，這些寶劍像是從「寶劍一」分裂出來。弧形排列的寶劍象徵缺乏共識、無法聚焦、沒有明確的想法、沒有深思熟慮、不合乎邏輯。這張牌的星座屬性是「月亮在水瓶座」。

占卜解讀

· 計畫不周全導致失敗，也代表不適合的友誼關係。

· 觀察自己的思緒和想法，並清除負面的思考，因為它可能會導致更具破壞性的想法。

寶劍八

「寶劍八」意指內心困惑、混亂，感覺被淹沒。
偉特塔羅描繪一個女子被「寶劍八」團團圍住，
她被蒙上雙眼，全身也被綑綁，站在淤泥中，
無法動彈。托特塔羅的牌面下方有一個詞「阻
礙」，畫面是 6 支寶劍被另外 2 支寶劍禁錮。
它的星座屬性是「木星在雙子座」，雖然雙子
座在木星的引導下敞開大門，但仍呈現一片混
亂。

占卜解讀

· 心力交瘁、疲憊、混亂。

· 清晰地分辨什麼是重要的、什麼是你需要關注的。

· 寫下所有的代辦事項，只挑選其中兩三件事情來做。

寶劍九

「寶劍九」呈現三倍「寶劍三」的悲傷能量。偉特塔羅描繪一個女子被惡夢驚醒。「寶劍九」代表的痛苦並非來自他人的壓迫，而是自己加諸在自己身上的痛苦。托特塔羅描繪鮮血從「寶劍九」上滴落。牌面下方有一個詞「殘虐」，它的星座屬性是「火星在雙子座」。火星是戰爭之神，瘋狂而好鬥，加上變動星座雙子座的能量，呈現一種無預警、雜亂的狀態。

占卜解讀

· 負面的想法縈繞在腦海，無法達成共識而刺傷靈魂。

· 折磨自己。

· 透過靜心冥想來安撫躁動的心。

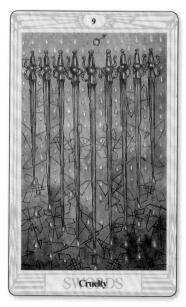

128

寶劍十

「寶劍十」呈現混亂的極致狀態。偉特塔羅描繪一個人面朝下倒在地上，背後插著 10 支寶劍。10 支寶劍全都用上，象徵過度、極端。畫面中的天空灰暗，周圍一片荒蕪。托特塔羅的牌面下方有一個詞「淪亡」。它的星座屬性是「太陽在雙子座」，呈現一種散亂、不可靠、嚴肅的感覺。

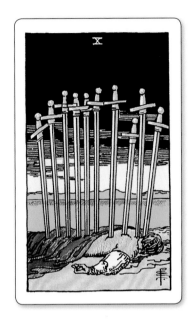

占卜解讀

· 所有一切都雜亂無章。

· 做出錯誤的、負面的決定，也象徵不合理的行為。

· 幻想、妄念的終結。

· 非常痛苦，唯一能感到慰藉的是這個痛苦已經到達極限，不會再加重。

寶劍

宮廷牌組

寶劍牌組探討的主題是心智和想法，副牌的主題分別是：靈感、寧靜、悲傷、休戰、擊潰、科學、徒勞、阻礙、殘虐和淪亡。四張宮廷牌則是以人格化的方式來呈現這個主題。

寶劍王后

（偉特和托特塔羅）

「寶劍王后」是一位女戰士，她能斬斷所有不再需要的一切。然而，她的方法卻不夠完善。她可以仔細觀察並分析事物如何運作，但卻無法以整體、宏觀的角度來看待事物。偉特塔羅描繪「寶劍王后」坐在王位上，手裡握著一把巨大的寶劍。背景有鳥兒在飛翔，匯聚的烏雲象徵風元素。托特塔羅描繪一位亞馬遜女戰士，一手握著寶劍，另一手抓著首級。她的王位座落在天空，周圍的水晶放大她的思緒。所有的王后牌都象徵水元素，因此「寶劍王后」代表風中之水。這個特質很適合成為作家和演說家。「寶劍王后」對應所有的風象星座：雙子座、天秤座、水瓶座，但最主要對應的是開創星座——天秤座。

占卜解讀

· 掌握心智、控制思維的過程。

· 敏銳的洞察力、過人的智慧、清晰的思維、思想的解放。

· 在傳統的解讀中，這張牌代表單獨一人，而非處於一段關係之中。

寶劍騎士

（偉特和托特塔羅）

「寶劍騎士」是位強壯有力的年輕人，象徵將想法化為行動。偉特塔羅的「寶劍騎士」擅於攻擊、防禦，他騎著馬往前衝，舉起出鞘的寶劍，蓄勢待發；他的座騎高速奔馳，呼應牌面背景的風暴。托特塔羅描繪的「寶劍騎士」騎著駿馬飛越天空，一手握著寶劍，一手握著匕首，準備發動攻擊。在移動的過程有三隻鳥與他相伴。「寶劍騎士」呈現火元素裡較為激烈且帶有陽性能量的部分，象徵沒有經過深思熟慮的想法或行動。「寶劍騎士」對應的星座是雙子座。

占卜解讀

· 手法過於粗糙、咄咄逼人。

· 不要用敵對的態度捍衛自己的立場。

· 與人溝通、討論，策劃一場腦力激盪的聚會。

· 絞盡腦汁，想趕快找到一個絕佳的點子。

寶劍國王

（偉特塔羅）

冷酷的「寶劍國王」是位嚴肅的劍客，他坐在王位上，手裡握著一把巨大的寶劍。背後的雲朵和鳥都是風元素的象徵物。國王重視法律，相信科學的判斷與建議。他的每一個計畫和決策都很健全，包括：法律、政治、軍事、教育、宗教和公共事務。但他卻遺忘自己的心，忽略身心的需求。在關係中，他有很強的控制欲。所有的國王牌都代表統治、掌握，因此，寶劍國王代表統御所有關於風元素的一切。

占卜解讀

· 思維縝密，卻忽略內在的聲音。

· 理性的思維、線性思考、卓越的技術。

· 擅於運用電腦、機械。

· 象徵法律上的辯論方、知識份子或擁有強烈主張的人。

寶劍侍者

（偉特塔羅）

面臨困難的「寶劍侍者」準備在暴風中搏鬥。這個微小的身軀，集結全身的力氣防守，同時準備戰鬥。他的身後有暴風和烏雲，遠處有一群飛鳥。這張牌意謂行事衝動、魯莽，不是一個好的做事方法。

占卜解讀

· 遇到麻煩、衝突和問題。

· 運用外交手段，並試著理解對方。

寶劍王子

（托特塔羅）

黑暗的畫面中有一位強壯的王子駕著戰車。戰車是由幾何形的人物拖曳，王子一手握著寶劍，一手拿著鐮刀，準備摧毀眼前的一切。他代表風中之風，擁有聰明才智，以及水瓶座的特質。水瓶座是風象星座中的固定星座。「寶劍王子」掌管一切與哲學、科學有關的領域。

占卜解讀

· 銳利、專注、敏銳的覺察力。

· 保持清晰，貫徹始終。如此一來，你的影響力就會像風一樣，散佈到各處。

寶劍公主

（托特塔羅）

憤怒的「寶劍公主」在黑暗的暴風中獨自戰鬥，試圖捍衛一個即將倒塌廢棄的祭壇。她抗拒改變，緊抓著負面的想法和舊有的行為模式。即使舊的模式已經過時而且充滿限制，她仍然想捍衛，並為此戰鬥。「寶劍公主」象徵風中之土，改變對她來說是很困難的，她是個不幸的孩子，經歷許多掙扎和焦慮。

占卜解讀

· 釋放你的恐懼和擔憂，讓衝突瓦解。

· 困難的情形會持續加重，直到你願意臣服。

第 **6** 章

小阿爾克納
土 ── 錢幣 / 圓盤

　　土元素掌管物質的世界，以占星的角度來看，土元素呈現了幾個不同的樣貌：變動的處女座、開創的摩羯座、固定的金牛座。土元素探討的主題有：身體、健康、財物、事業、金錢、繁榮。土元素也代表整個自然界和地球。塔羅以「五角星」、「圓盤」和「錢幣」象徵土元素。五角星又稱為五芒星，若將五個角圈起來，就會形成圓圈，也就是「圓盤」[註1]。一般的撲克牌是以方塊 ◆ 來象徵土元素。

［註 1］ 在偉特塔羅中，土元素的象徵物通常被稱為「錢幣」；在托特塔羅中則被稱為「圓盤」。

錢幣／圓盤一

「錢幣一」是土元素的第一張牌，代表土元素的力量根源。它結合三個土象星座的特質：處女座、摩羯座和金牛座。偉特塔羅描繪一個美麗的花園，裡面有許多百合花，花園的上方有一個錢幣。花園的門是敞開的，象徵對大自然的邀請，歡迎自然界所有的美麗景緻。托特塔羅描繪一枚精緻的金幣，上面有一對翅膀。這張牌定調整個錢幣牌組，以金幣作為金錢的象徵物。

占卜解讀

· 財富、繁榮。

· 一個嶄新的開始，且與物質相關。

· 財富的增加，或指身體變得更健康。

· 在財務方面有新的機緣。

錢幣／圓盤二

「錢幣二」象徵物質世界裡的改變。偉特塔羅描繪一位男子正在把玩兩枚錢幣，像在玩雜耍般。錢幣的拋物線形成一個無限大的符號。畫面遠處有船隻航行在波濤洶湧的海浪中。托特塔羅描繪中國道家的陰陽符號，在陰陽符號之間有一條頭戴皇冠、長滿黑色斑點的蟒蛇。它的星座屬性是「木星在摩羯座」，木星開啟機會的大門。嚴厲的土星掌管摩羯座，讓摩羯座努力工作、遵守原則。

占卜解讀

· 想辦法維持生計，在動盪中掙扎。

· 面對現實中不可避免的改變。

· 在兩份工作裡奔波，或指創造兩份收入。

· 努力而踏實的生活。

錢幣／圓盤三

「錢幣三」代表物質世界裡三位一體的和諧能量。偉特塔羅描繪一位雕塑家在教堂裡工作，教堂上方有三個五角星的裝飾。現場有一位修道人，象徵靈性；還有一位建築師，手裡拿著設計圖，象徵仔細、周詳的建造計劃。一個美好的計劃正在進行。托特塔羅描繪三個旋轉的輪子，牌面下方有一個詞「工作」，它的星座屬性是「火星在摩羯座」。火星的驅動力和能量最適合展現在務實的土象星座上，也就是摩羯座。（這張牌有時代表工作過度）

占卜解讀

· 待完成的工作事項。

· 專注地工作。

· 有建設性、積極的能量。

· 完成這個任務將會精進你的技能。

錢幣／圓盤四

「錢幣四」在偉特和托特塔羅裡有不同的意
思。偉特塔羅描繪一個男子環抱金幣、頭戴皇
冠，兩隻腳各踩著一枚金幣，頭頂上還有另外
一枚金幣。托特塔羅的牌面下方有一個詞「能
力」，它的星座屬性是「太陽在摩羯座」。在
一個堅固的建築架構下，四元素的符號分別
佔據在四個角落：火元素是「△」，水元素是
「▽」，風元素是「△」，土元素是「▽」。
兩副牌有不同的牌義，你只需要根據自己所使
用的牌來做解讀即可。

占卜解讀

- 偉特塔羅：

  · 對金錢和物質的熱愛。

  · 吝嗇、貪婪。

  · 擔憂財務上的短缺，緊抓自己的財產。

  · 需要務實、踏實一點，專注在自己擁有的一切。

  · 合理的安全範圍，健康的界限。

- 托特塔羅：

  · 建立穩固的基礎。

  · 穩定、安全。

  · 創造有形物的能力。

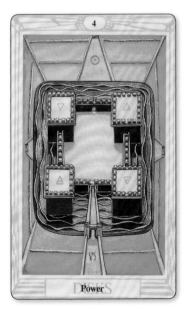

錢幣／圓盤五

「錢幣五」代表金錢和健康方面的問題。偉特塔羅描繪一對貧困的夫妻身處於暴風雪中，他們身後有一座教堂，教堂有著彩色玻璃和五個五角星的圖案。然而，這一對夫妻並未走進教堂。托特塔羅的牌面下方有一個詞「憂慮」，代表對金錢和健康的擔憂。畫面中的色彩非常沈重，中間有一個倒轉的五角星圖形。它的星座屬性是「水星在金牛座」，金牛座沈重的能量限制水星的變動，抑制改變的發生。

占卜解讀

· 金錢的匱乏、短缺、窮困、失去健康。

· 低落的自尊心。

· 尋求財務上的建議。

錢幣／圓盤六

「錢幣六」代表繁榮以及物質上的成功。偉特塔羅描繪一位商人把金錢分送給窮困的人，他的手裡握有一只天秤，代表商人在分享財富的同時，也秉持著公平正義的原則。托特塔羅的牌面下方有一個詞「成功」。畫面中間有一個平衡的曼陀羅，周圍有一個象徵星球的符號。它的星座屬性是「月亮在金牛座」。金牛座的特質是細膩、感性的，如同一隻溫柔的公牛。這個特質很適合透過月亮來表達，因為月亮象徵包容、感受。

占卜解讀

· 商業上的成功、繁榮和富裕。

· 美麗的景緻。

· 健康、豐盛。

錢幣/圓盤七

數字 7 代表詢問、探求。偉特塔羅描繪一位年輕人身體依靠在鋤頭上。他不確定這片土地未來能否豐收，不知道未來的結果如何。然而，他已經投入大量的努力，目前的成長狀態看似穩定。在托特塔羅裡，黑色的錢幣象徵「土星在金牛座」，牌面下方有一個詞「失敗」。這張牌呈現金牛座沈重、不願改變的能量狀態。

占卜解讀

· 努力的結果尚未顯化。

· 感到匱乏，若要有所發展，需投入大量時間（土星）和精力（金牛座）。

· 可能會有延遲、延後的情形發生。

· 無法保證成功，不確定能否達成目標。

錢幣／圓盤八

數字 8 代表完成或通往無限的過程，是無限的
一部分。偉特塔羅描繪一位工匠正在敲打一枚
錢幣，他即將完成這個作品。六枚錢幣整齊地
擺放在一旁，剩下的兩枚錢幣需要再調整一番。
托特塔羅描繪一顆樹，樹上開滿鮮花。這棵樹
的樹根非常穩固，並持續生長。牌面下方有一
個詞「謹慎」，它的星座屬性是「太陽在處女
座」。處女座是個實用主義者，非常謹慎，注
重細節。

占卜解讀

· 穩定成長、紀律、專注。

· 聚焦於目標，努力實現。

錢幣/圓盤九

「錢幣九」象徵豐盛。偉特塔羅描繪一位尊貴的人物，他的手上佇立著一隻蒙面獵鷹，周圍有一片茂密的葡萄園。底下的灌木叢長出九個閃閃發亮的錢幣。托特塔羅描繪九個耀眼的錢幣，牌面下方有一個詞「獲益」，星座屬性是「金星在處女座」，代表物質的獲取（處女座）以及與日俱增的美感（金星）。

占卜解讀

· 豐富、成功、獎勵、舒適。

· 財務狀況良好。

· 完善的管理。

· 財富的累積。

· 對於美的賞析、讚賞。

錢幣／圓盤十

「錢幣十」代表所有的努力都已開花結果，也象徵物質世界的豐盛。偉特塔羅描繪一個大家庭：一位在休息的長者、一對夫妻、一個孩子以及兩隻白狗。這張牌的背景是一座宏偉的莊園。托特塔羅描繪十個金色錢幣，牌面下方有一個詞「財富」。金幣的周圍還有其它更多、更大的錢幣，象徵財富和豐盛。它的星座屬性是「水星在處女座」，能量非常強大，因為處女座的主宰星就是水星。

占卜解讀

· 繁榮、安全感、穩定的財務、家庭富裕、滿足。

· 專注於細微的溝通。好的溝通品質能為你帶來更多財富。

錢幣／圓盤
宮廷牌組

錢幣／圓盤牌組探討的主題是物質，包括：金錢、變易、工作、能力、憂慮、成功、失敗、謹慎、獲益和財富。四張宮廷牌則探討如何處理這些主題及其衍生的部分。

錢幣／圓盤王后

（偉特和托特塔羅）

這一位迷人的王后通常足不出戶。所有的王后牌都象徵水元素，「錢幣／圓盤王后」代表水元素和土元素的結合，這兩個元素都帶有陰性的特質，對應的星座是摩羯座。偉特塔羅描繪「錢幣王后」坐在寶座上，被玫瑰藤蔓圍繞，背後有一片美麗豐饒的景緻。王后手裡抱著一枚巨大的錢幣，寶座的扶手有個山羊角的雕刻，象徵摩羯座。前方有一隻兔子，象徵豐饒多產。在托特塔羅裡，「圓盤王后」坐在寶座上，她的頭上有一對羊角，旁邊有一隻公羊佇立在一個球面上，象徵摩羯座。王后的手裡握著一支尖端具有水晶的權杖，另一隻手環抱地球，凝視眼前的風景。

占卜解讀

· 繁榮、財富、安全、奢華、舒適，也代表慈悲、慷慨大方。

· 豐盛、多產、尊貴、尊嚴。

· 穩定、專注、可靠、實際。

· 非常有才能，在商業世界裡佔有一席之地。

· 瞭解自己的身體，能享受身體感官所帶來的愉悅。

錢幣／圓盤騎士

（偉特與托特塔羅）

一位堅強剛毅的騎士踏上旅程，他的步調非常緩慢。在所有的騎士牌裡，這是唯一一張駿馬靜止不動的牌。所有的騎士牌都象徵火元素，代表陽性能量。然而，在土元素的影響下，這張牌的火元素幾乎要熄滅了。不同於其他騎士牌，偉特塔羅的「錢幣騎士」手中環抱一枚巨大的金幣。這個畫面缺少一種冒險、探索的感覺。托特塔羅描繪的「圓盤騎士」手持連枷，看著遠方，想要尋找物資、資源。這也是托特塔羅裡唯一一張駿馬靜止不動的牌，馬兒安靜的凝視前方。「圓盤騎士」對應所有的土象星座：處女座、摩羯座、金牛座，但最主要對應的是變動星座——處女座。

占卜解讀

· 生命的進程緩慢、停滯、靜止。

· 休耕的區域。

· 一段休養、休息的時光。

· 不要操之過急。現在不適合火力全開。

· 你尚未準備好，保持耐心、毅力。懷抱信心，並留意細節。

· 不要超支，避免極端的行為。

· 現在適合緩慢行事，欲速則不達。

錢幣國王

（偉特塔羅）

「錢幣國王」象徵一位可靠、成熟、成功的男人。他的城堡前方有一大片茂密的葡萄園，他坐在葡萄園的寶座上，手裡握著一枚大金幣，象徵土元素。寶座上有公牛的雕刻，象徵土象星座金牛座。在現實世界裡，「錢幣國王」象徵成功的商業人士，他們已經實現自己的目標並獲得財富。所有的國王都代表統治、掌管，「錢幣國王」代表能控制與土元素有關的一切。

占卜解讀

· 與金錢有所連結、堅如磐石、可靠。

· 財務逐漸穩定，事業起飛。

· 可靠的婚姻伴侶。

· 一位有經驗、成功的領導者，特別指商業領域。

· 聰明的財務投資。

錢幣侍者

（偉特塔羅）

年輕的「錢幣侍者」身穿華服，頭上戴著一頂精美的紅色帽子。他走在花朵盛開、綠意盎然的大地，雙眼注視著手中的金色錢幣。他身處大自然的美景之中，渴望擁有新的體驗、新的學習機會。

占卜解讀

· 渴望瞭解、學習這個物質世界是如何運作的。

· 學習如何投資，或學習如何收支平衡。

· 對健康、療癒或大自然很有興趣。

圓盤王子

（托特塔羅）

穩定的「圓盤王子」象徵土中之風，代表實用的知識和智慧。他駕著戰車，處於一種安然自得的狀態。這輛戰車是由一隻犁田的牛所牽引。「圓盤王子」擁有牛年出生的人格特質，例如：堅毅、可靠、認真、努力。他的左手抱著一顆地球，右手握著一支權杖，權杖上方有一個十字標誌。「圓盤王子」喜愛沈思，很有能力、堅忍不拔、值得信賴。他不會衝動行事，也不揠苗助長。做事按部就班，傾向先擁有完善的計畫。

占卜解讀

· 可靠而實際地面對問題。

· 做事有耐心，有條不紊。

· 一步一腳印，一點一滴地進步。

· 按部就班地做事，好運即將到來。

圓盤公主

（托特塔羅）

Princess of Disks

在一片魔法森林裡，有一位堅強、美麗的公主。她的頭上戴著牛角頭巾，這個頭巾跟她母親的皇冠類似，只不過是縮小版的（可參見「錢幣／圓盤皇后」）。「圓盤公主」手握權杖指向下方，象徵將精神注入大地。她的另一隻手握著圓盤，上面繪有玫瑰形狀的曼陀羅，曼陀羅的中間有一個道家的陰陽符號，象徵平衡。年輕、純真的「圓盤公主」渴望學習、成長。她是土中之土，象徵陰性、自然的能量。

占卜解讀

· 學徒身份、新的學習體驗、接受教育。　　· 誠實、真誠會帶來好運。

· 學會實用的技巧，或指貿易相關技能。

相信你已經看完 78 張牌以及
每一張牌的文字介紹。

接下來，學習活用這些牌，將
原型的概念運用在解讀中。

此刻，轉變即將開始！

第 **7** 章

如何解讀塔羅牌

　　抽牌解讀並不是隨機運作，而是一種共時現象。所有的神諭訊息都是在這個原則下進行。無論是抽塔羅牌、挑選盧恩符石，或研究自己的天宮圖，這些都與共時現象有關。占卜的過程如同把時間暫停，運用一種奧秘的工具來檢視我們目前的生活，並帶著更高的覺知和智慧的眼光，回到當下。有技巧地解讀這些神諭訊息，能協助我們看到關於未來的線索。

　　如何解讀塔羅牌呢？首先，輕柔地洗牌，記得將牌面朝下，洗牌的人只會看到塔羅牌的背面。洗牌直到你覺得差不多為止，這個感覺就像你在烤蛋糕，感覺差不多就可以。你可以佈置一個專門用來解讀塔羅的空間，詳細內容可以參考本書第十章「塔羅的儀式」。

　　洗牌之後，將牌分成三等份，方式如下：將牌放在一個平整的桌面上，從上面拿起約三分之二的牌，剩下的三分之一留在桌上。將手上的牌再分成一半，往邊右堆成兩疊。在分成三疊牌卡的過程，你可以默想三相女神「少女、母親、老嫗」，或默念祈禱詞「光明、和平、寧靜」或「聖父、聖子、聖靈」。

現在，你的面前有三疊牌，每一疊大約是三分之一的份量。把中間那一疊牌拿起來，放在左邊，也就是第一疊牌上。這一疊牌現在有三分之二的份量，全部拿起來，再疊到最右邊的那一疊牌上，也就是第三疊牌。此時，我們已經完成「切牌」這個步驟，可以準備解讀塔羅。

如果你是要為自己解讀，就自行完成以上步驟。如果是幫別人解讀，你可以請他們自由洗牌、切牌，以他們覺得自在、舒服的方式進行。洗牌之後，解牌者從問事者（接受解讀的人）手中接過塔羅牌，由解牌者完成最後一個切牌動作，切牌方式如上所述。

在傳統的作法裡，解牌者會請問事者洗牌，以便將他們的能量注入牌卡中。但我並沒有採用這個作法，我會自己完成所有的步驟，包括洗牌、切牌和抽牌。因為我發現一般人都已經習慣使用撲克牌洗牌，它的張數只有 52 張。如果突然要他們用 78 張塔羅來洗牌，是有點難度的。再加上，問事者通常都是帶著嚴肅的議題來尋求建議，若要求他們洗牌、抽牌，無形之中會讓他們感受到壓力。身為一位塔羅師，我的目標是要為這些人提供服務，因此我會幫他們完成所有的步驟。重點是把專注力放在問事者身上，並保持一顆良善、溫柔、同理的心。

後續，我會介紹四種基本牌陣。解牌之前，我們一樣先洗牌、切牌，接著牌面向下，將牌展開成半月形。依照自己的直覺來抽牌，牌面向下。我偏好使用右手，因為右手對我來說比較有力量，當然，也有人喜歡使用左手，依照自己的偏好即可。

指示牌

　　指示牌是最能代表問事者的牌，象徵問事者的身份和命運。選定指示牌後（後面有簡要說明），把它當作揭開序幕的第一張牌。如果把指示牌拿走，代表你不允許這個解讀自然發生。忽略指示牌如同在玩一副缺牌的撲克牌，是沒有意義的。

　　指示牌是一張專屬於你的宮廷牌。你的出生星座決定你的指示牌。例如，我是雙魚座，所以我的指示牌是「聖杯王后」。

指示牌一覽表：成年人				
	女人		男人	
	偉特塔羅	托特塔羅	偉特塔羅	托特塔羅
牡羊座 ♈	權杖王后	權杖王后	權杖國王	權杖騎士
金牛座 ♉	錢幣王后*	圓盤王后*	錢幣國王*	圓盤騎士*
雙子座 ♊	寶劍王后	寶劍王后	寶劍國王	寶劍騎士
巨蟹座 ♋	聖杯王后	聖杯王后	聖杯國王	聖杯騎士
獅子座 ♌	權杖王后	權杖王后	權杖國王	權杖騎士
處女座 ♍	錢幣王后*	圓盤王后*	錢幣國王*	圓盤騎士*
天秤座 ♎	寶劍王后	寶劍王后	寶劍國王	寶劍騎士
天蠍座 ♏	聖杯王后	聖杯王后	聖杯國王	聖杯騎士
射手座 ♐	權杖王后	權杖王后	權杖國王	權杖騎士
摩羯座 ♑	錢幣王后*	圓盤王后*	錢幣國王*	圓盤騎士*
水瓶座 ♒	寶劍王后	寶劍王后	寶劍國王	寶劍騎士
雙魚座 ♓	聖杯王后	聖杯王后	聖杯國王	聖杯騎士

＊ 在偉特塔羅中，土元素的象徵物通常被稱為「錢幣」；在托特塔羅中則被稱為「圓盤」。

指示牌一覽表：兒童				
	女孩		男孩	
	偉特塔羅	托特塔羅	偉特塔羅	托特塔羅
牡羊座 ♈	權杖侍者	權杖公主	權杖侍者	權杖王子
金牛座 ♉	錢幣侍者*	圓盤公主*	錢幣侍者*	圓盤王子*
雙子座 ♊	寶劍侍者	寶劍公主	寶劍侍者	寶劍王子
巨蟹座 ♋	聖杯侍者	聖杯公主	聖杯侍者	聖杯王子
獅子座 ♌	權杖侍者	權杖公主	權杖侍者	權杖王子
處女座 ♍	錢幣侍者*	圓盤公主*	錢幣侍者*	圓盤王子*
天秤座 ♎	寶劍侍者	寶劍公主	寶劍侍者	寶劍王子
天蠍座 ♏	聖杯侍者	聖杯公主	聖杯侍者	聖杯王子
射手座 ♐	權杖侍者	權杖公主	權杖侍者	權杖王子
摩羯座 ♑	錢幣侍者*	圓盤公主*	錢幣侍者*	圓盤王子*
水瓶座 ♒	寶劍侍者	寶劍公主	寶劍侍者	寶劍王子
雙魚座 ♓	聖杯侍者	聖杯公主	聖杯侍者	聖杯王子

　　屬於火象星座的女性，包括射手座、牡羊座、獅子座，她的指示牌是「權杖王后」。屬於火象星座的男性，以偉特塔羅來看，他的指示牌是「權杖國王」，以托特塔羅來看，則是「權杖騎士」。

　　屬於水象星座的女性，包括雙魚座、巨蟹座、天蠍座，她的指示牌是「聖杯王后」。屬於水象星座的男性，以偉特塔羅來看，他的指示牌是「聖杯國王」，以托特塔羅來看，則是「聖杯騎士」。

　　屬於風象星座的女性，包括雙子座、天秤座、水瓶座，她的指示牌是「寶劍王后」。屬於風象星座的男性，以偉特塔羅來看，他的指示牌是「寶劍國王」，以托特塔羅來看，則是「寶劍騎士」。

　　屬於土象星座的女性，包括處女座、摩羯座、金牛座，她的指示牌是「錢幣/ 圓盤王后」。屬於土象星座的男性，以偉特塔羅來看，他的指示牌是「錢幣國王」，以托特塔羅來看，則是「圓盤騎士」。

　　若問事者是兒童，以偉特塔羅來看，他的指示牌是侍者，以托特塔羅來看，女孩的指示牌是公主，男孩的指示牌則是王子。兒童的宮廷牌也是以12 星座對應四個不同的牌組，跟成年人的分類方法一樣。例如，一個牡羊座的男孩，以偉特塔羅來看，他的指示牌是「權杖侍者」，以托特塔羅來看，則是「權杖王子」。一個牡羊座的女孩，以偉特塔羅來看，她的指示牌是「權杖侍者」，以托特塔羅來看，則是「權杖公主」。

不做逆位解讀

　　有些傳統的塔羅師對於「逆位」（上下顛倒的牌）有特別的解讀方式。不過，我認為要用正位的方式來看待所有的牌，以避免混淆。如果你抽到一張上下顛倒的塔羅牌，把它轉正，再做解讀即可。

　　仔細觀察塔羅的圖像，你會發現每一張牌的意義其實是很清楚明確的。例如，「錢幣／圓盤五」描繪的是金錢的匱乏。如果是逆位的「錢幣／圓盤五」要怎麼解釋呢？相反的意思就是不缺錢。如果真的是指不缺錢，應該要抽到「錢幣／圓盤六」，或「錢幣／圓盤一」。逆位的「惡魔牌」就等於「節制／藝術」裡的天使嗎？我覺得我們應該要明智的判斷，無論抽到正位或逆位的牌，均以正位的方式來解讀。

　　靈魂牌代表專屬於你的大阿爾克納，在第九章「塔羅與數字」有詳細的介紹。我的靈魂牌是「女祭司」。當我在為自己解讀時，如果抽到「女祭司」或「聖杯王后」（我的指示牌），代表此刻的我是走在正確的道路上。

基本牌陣1：身心靈牌陣

若要熟悉自己的牌卡，可以先從抽三張牌開始。首先，洗牌、切牌，牌面朝下，將牌展開成半月形。依照自己的直覺，在這個牌堆中抽三張牌，牌面向下。第一張代表你的身體，象徵物質世界；第二張牌代表你的心，也就是你的想法、念頭；第三張牌代表精神，指的是潛意識的引導，以及自我覺知。

如果你是在早上抽牌，這三張牌就代表今日預測；如果是晚上抽牌，這三張牌就代表自我省思，協助你重新檢視今天的自己。

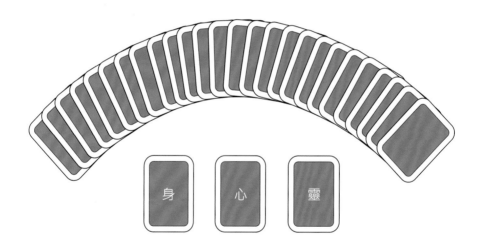

我建議在接觸塔羅的第一個月裡頻繁使用這個身心靈牌陣，你可以將結果紀錄下來，撰寫自己的塔羅日記。仔細閱讀你每天抽到的三張牌。先辨認你抽到的是主牌、副牌，還是宮廷牌，接著再進一步做解讀。

當我的學生開始學習解牌，我問他們的第一個問題是：「你抽到的是主牌、副牌或宮廷牌？」如此一來，他們就不會迷失，急著要記住所有 78 張牌的牌義。另外，要留意主牌是「愚者之旅」的某一個階段。解讀主牌的時候，要知道這張牌的前一張和後一張是什麼牌，這有助於你瞭解這張牌與這段旅程之間的關係。

副牌呈現的是四元素，也就是火、水、風、土，如果你抽到副牌，試著找出這個元素是什麼，並留意上面是否有出現數字。宮廷牌呈現的是某個元素和人格特質，我們一樣要先辨認元素。總括來說，當你看到一張牌，首先辨認它是主牌、副牌或宮廷牌，接著，找到它所屬的元素，就可以開始解讀。主牌、宮廷牌和所有的 1 號牌（或稱 Ace）都象徵命運，意謂上天的安排、註定的事件。副牌則代表選擇，而非命運。

解讀時，你可能會覺得有些牌解起來比較簡單，有些則比較困難。你會慢慢抓到感覺，不久就可以順暢而生動地解讀每一張牌。另外，在解讀時，你可以尋找這個牌陣的主題，例如把某個頻繁出現的牌或元素當成解讀的主軸。

如果你能輕鬆地幫自己解牌，接著就可以嘗試用這個基本牌陣幫別人做解讀。你可以自己洗牌或請對方洗牌，接著切牌，牌面朝下，將牌展開成半月形，並請對方抽三張牌，抽出的牌一樣牌面朝下。這個程序如果對你來說很容易、順暢，那就繼續保持。（如果對方在抽牌時，感覺無所適從，你就可以理解為什麼我會選擇直接幫我的客戶抽牌。）

抽牌的時候，所有的牌面都要朝下，直到三張都抽完，再一次翻開。這麼做的原因是如果你先翻開第一張牌，潛意識會對這張牌的圖像有所反應，在你抽後面兩張牌的時候，就沒辦法用一種比較自由的狀態來抽牌了。

幫別人解讀時，可以鼓勵他們在洗牌的時候專心觀想自己想探討的主題。我在幫別人解讀前，都會先把牌拿給他們看，讓他們瀏覽上面的圖像。我總是說：「塔羅牌是由一連串的圖像組合而成，每一張圖都在述說一個故事。有些故事很美好，有些則不然」。

你可以問塔羅牌問題，並運用牌裡的圖像說故事。你的問題可以非常明確，例如你可以問：「我應該要雇用Ａ、Ｂ，還是Ｃ？」你的問題要明確到可以直接做解讀。

如果問事者比較害羞，或對他們要問的問題感到些許尷尬，你可以告訴他們，沒有所謂尷尬或無聊的問題，只要他們覺得這件事很重要就足夠。也可以告訴他們，各式各樣的問題都有人問過，無論是情感的變動、工作的取捨、靈性的追求、健康或家人相關議題。一旦他們理解這點，就會比較自在，並能從你提供的案例中提出他們自己的問題。無論對方提出什麼問題，你要記得自己是提供服務的人，不需要去批判或評論任何人物或事件。

偶爾，我們會遇到一種情況是對方沒有特定的問題。此時，我會運用十字牌陣（後續會詳細介紹）為對方做一個基本的心靈檢測。透過這個牌陣，他生命中的重要議題會浮現出來。

我們要幫自己還是別人做解讀？答案很簡單：兩者都要。不過有少數例外：我的幾位學生（通常是天蠍座）無法幫自己解讀，但在幫別人解讀時，卻非常敏銳、很有天份。因此，我建議他們持續幫別人解讀，不過要再另外找一位塔羅師幫自己解讀。只有極少數的學生只能為自己解讀，無法幫別人解讀。若真是如此，就接受吧！帶著感恩的心，感謝自己能夠運用這個神奇的工

具，與內在的靈性溝通。

塔羅與寵物

　　如果你希望自己的寵物也能參與解讀，你可以訓練牠們抽牌。一開始由你先洗牌、切牌，接著把牌展開成半月形。你的寵物可能是貓、狗、鳥、蛇或其他經馴化的動物，讓牠們把腳爪、鳥喙或身體其他部位放置在牌上，共選三張。貓咪通常反應敏銳，有些動物很享受這個選牌的過程，例如我的寵物鸚鵡賈蜜拉，她會用鳥喙輕敲某張牌卡的後端，告訴我那是她選的牌。順帶一提，她很常抽到「聖杯九」。

關於壞消息

　　如果抽到的牌代表壞消息，我們該如何因應？牌卡翻開的那一刻，圖像已經清楚說明一切，我們無法否認。那麼就根據牌卡，為自己擬定一個計畫吧！例如：自我療癒、預防措施或者改善自我。

　　生命是不斷循環的，我們一定會經歷各種高低起伏，有好有壞，如同白天與黑夜。每個人都會面臨生命的挑戰，例如環境的變動、事件的緣起緣滅、增長與衰退。最重要的是學會接納自我，如實面對自己的命運。如此一來，我們將會讚嘆生命及其偉大的循環，並學會與萬事萬物和諧共存。

對西方人來說，接受命運、瞭解其中循環並不是一件容易的事。因為我們從小被灌輸的觀念是人要有雄心壯志，並努力提升自我，運用意志力主宰自己的人生。這個觀念的優點是告訴我們要為自己的行為負責，並享受耕耘之後的甜美果實。然而，生命並非總是一帆風順，我們不可能每次都抽到好牌，偶爾會經歷低潮，可能是走投無路，也可能是需要一段很長的休息時間，我們要尊重並接受這些情況。太陽不可能二十四小時都高掛天空，黑夜也不會持續一整天。接受塔羅的指引，它會根據你的情況，提供適合的建議。即便你不喜歡塔羅告訴你的答案，牌面上的圖像仍說明一切，顯示後續的發展。不要為了得到你想要的答案而重複抽牌，接受你抽到的牌，仔細閱讀牌義，你也可以試著靜心、冥想。

如果常常抽到同一張牌，要特別留意。塔羅共有 78 張，要抽到同一張的機率是非常小的。不過，我卻常常遇到，尤其是當我使用不同的牌陣幫同一個客人做解讀，某一張牌總是重複出現。我也觀察到有些學生在寫塔羅作業的第一個月，某張牌會重複出現。

身心靈牌陣的應用：健康議題

　　塔羅牌不能代替適當的醫療服務，但它能夠提供一些見解，關於我們為什麼要體驗這個疾病。如果有人想詢問健康相關議題，一樣先洗牌、切牌，接著把牌展開成半月形。抽三張牌，牌面朝下。第一張代表「身」，告訴我們這個疾病是否單純為身體的病痛，並告訴我們一些實際的應用方法，例如遵循醫生的指示、使用藥草、改變飲食習慣、不吃加工品、多運動等等。第二張代表「心」，告訴我們這個疾病是否因為精神層面的痛苦而導致。如果是，你可以做心理諮商、心理治療，以及靜心冥想。如果疾病是顯示在第三張牌，也就是代表「靈」的位置，你可以嘗試薩滿療癒或其他另類療法，例如：靈魂回溯、前世回溯、催眠療癒。

　　如果有人想探討減重議題，我會使用這個牌陣。通常這個問題的答案會出現在第一張牌，也就是代表「身」的位置。然而，對大多數的疾病而言，答案通常會出現在第二張牌，代表「心」的位置。這個牌陣也適用於詢問其他不在場的人的健康狀況，例如問事者的伴侶或孩子。

　　當我們在談論健康議題時，不要小看一些基本的健康常識。如果要減重，無論抽到什麼牌，改變生活習慣是必要的（即使我們通常都抗拒改變）。以下是一個跟健康有關的案例：一位客戶跟我抱怨她的關節炎，在解讀的過程中，我注意到「寶劍」這個元素。她說她需要靠抽菸來撫平自己的思緒。牌面顯示如果她戒菸，就能展開療癒的旅程，包括緩和她的關節炎。但她不想戒菸，於是和我爭論起來。也因此，我決定不再繼續幫她解讀。

　　經過一陣子，我開始感到困惑，不知道我這樣的做法是否正確，真的要放手讓她走，不干預她的煙癮 嗎？於是，我詢問塔羅：「我應該繼續幫這位客戶

解讀嗎？」我抽到的牌是「隱士」，而這張牌讓我更加堅定，不要再幫她解讀。

在解讀的當下，如果對方的情緒失控，你可以推薦他去找一位專業的治療師，協助他處理自己的情緒。做為一位塔羅師，你需要好好照顧自己。很多敏感的人或是靈媒，因為照實解讀牌卡上的資訊，說出當事人不願意面對的議題而遭到對方辱罵，甚至因此而生病。所以，我們需要更加注意，好好照顧自己的身心靈，保持清明。

基本牌陣2：關係牌陣

情感關係一向是最受歡迎的議題。前面介紹的身心靈牌陣呈現的是當下的狀態，而它的變化版本就是預測兩人關係的「關係牌陣」，包含各種互動關係。例如：你認識一位新朋友，你想知道你們之間有沒有愛的火花、未來有沒有可能在一起。也許，你會想知道你和某人是否有前世因緣。或是你只是單純想知道某一位新朋友是否值得深交。另外，當你獲得一份新的工作，想知道該如何表現，以及關於這份工作的未來，也可以使用這個關係牌陣。

洗牌、切牌，並將牌展開成半月形。第一張牌代表你，關於你的感受、想法，及潛意識對這個關係的反應；第二張牌代表他，也就是與這個議題有關的人；第三張牌代表結果，指的是對你的影響和結果。如果出現主牌或1號牌，代表擁有強烈的連結。宮廷牌說明人格特質與個性。如果抽到副牌，則需注意牌上的元素。

　　解讀的時候，可以留意數字、成對的牌、宮廷牌、主牌、牌裡的圖像等等，這些都能協助你做更深入的解讀。詢問情感議題時，如果抽到聖杯牌代表好的預兆。如果是詢問工作相關議題，抽到錢幣／圓盤也代表好的預兆。解讀戀愛關係時，如果一方抽到命運牌（也就是主牌、宮廷牌或 1 號牌），另一方則否，代表其中一方可能對這個關係不感興趣。

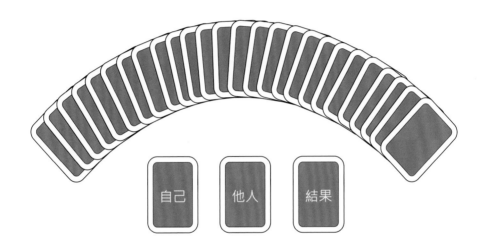

　　我在使用關係牌陣時，經常看到象徵和諧的牌，例如聖杯九、聖杯二、戀人，或其他關於滿足、和睦的牌。我有時候也會參考兩人的星座來做更深入的解讀。

　　當然，我們也要做好準備，協助那些在感情上遇到困難的人。在某些案例裡，邱比特把愛神之箭射在一個人身上，卻將相反的箭射在另一個人身上，這個情形會呈現在牌卡上：一個人抽到命運牌，另一個人則否。以下分享一個相關案例：一名女性想要詢問她的新戀情，她愛上一位男性。第一張牌她抽到的是「星星」，顯

示她瘋狂愛上對方。第二張牌代表那位男性，抽到的是「錢幣六」。那一位男性很享受跟她在一起的時光，也喜歡待在她溫馨可愛的小屋。然而，跟「星星」比較起來，「錢幣六」顯示出她與這位男性的緣分薄弱。第三張牌代表結果，抽到「錢幣王后」。「錢幣王后」的層次高於「錢幣六」，雖然這不是她所期待的結果，但她可以理解並接受這個情況。至少，這些牌澄清她的感受。

　　面對選擇的時候，我們可以運用關係牌陣來尋求指引，尤其是當你面臨二選一的情況。例如：你同時與兩個人約會，可以先用關係牌陣來檢視與第一個人的關係，接著用同樣的方法來檢視與第二個人的關係。比較兩個牌陣共 6 張牌，你會發現一目瞭然，非常清晰。如果還有其他相關人士介入，你可以再抽三張牌，加入更多資訊，以便確認這一段關係。求職的問題也可以使用關係牌陣，從中看到某個工作的環境如何、能否為你的事業帶來更好的發展等等，這些都是很有幫助的資訊。

重複的牌

　　有時候我們會一直抽到重複的牌，特別是當你運用關係牌陣想知道比賽成績和頒獎結果。有兩位奧斯卡得主在同一個牌陣裡抽到一模一樣的牌。我有一位客戶住在加州柏克萊，她是位電影剪輯師，想詢問一部她正在處理的電影未來發展如何。根據她的說法，這部電影是根據小說改編而成，劇情非常精彩，值得榮獲一座奧斯卡獎。我們抽到的牌分別是：「太陽」、「命運之輪」、「魔術師」。這個組合顯示這部電影的前景是非常被看好的。後來，這部電影果真獲得一座奧斯卡獎。

　　一年之後，有位舊金山的藝術家想要詢問一部她負責製作特效的電影。她很開心地說光是特效，這部電影就值得摘下一座奧斯卡獎。再次的，我抽到一模一樣的牌：「太陽」、「命運之輪」、「魔術師」。我告訴她，在我的解讀經驗中，這個組合只出現過一次，而那一次正確預測某個奧斯卡得主。我說不只她的特效會得獎，這部電影也可能會得獎。果真，這部電影贏得多項大獎。（當你讀到第九章「塔羅與數字」，就會知道「太陽」代表數字 19，可以寫成 1+9=10，而「命運之輪」代表數字 10，可以寫成 1+0=1，數字 1 就是「魔術師」）

　　也許你的塔羅不需要預測奧斯卡獎，但我想表達的是，幾乎所有的問題都可以使用關係牌陣來解讀，它能根據你的情況，提供一個清晰、明確、有遠見的觀點。

基本牌陣3：愛是一切答案

　　這個牌陣需要 5 張牌，提供我們更多資訊，讓你瞭解某段關係的品質。運用這個牌陣來比較多方關係也是一件很有趣的事。

1. 你為這段關係帶來的品質。

2. 你對這段關係的期待。

3. 你的伴侶為這段關係帶來的品質。

4. 你的伴侶對這段關係的期待。

5. 你們為什麼會在一起、這一段關係會持續多久、你會在當中學到什麼？

　　案例分享：一位女性來找我做解讀，她邂逅一位音樂家，兩人共度一個浪漫的夜晚。她說那天非常的完美，總覺得對方似曾相識，而且非常迷人。我為她感到開心，但她的情緒有些激動，因此我決定使用托特塔羅為她解讀。

1. 藝術（第 14 張主牌）：第一張她抽到主牌，代表藝術和煉金術（在偉特塔羅裡，這張牌稱為「節制」）。托特塔羅描繪煉金的過程。我懷疑她是被音樂家迷得團團轉，而對方也激發她的創造力。

2. 圓盤王子：這張牌是關於未來，她想擴展自己的專業領域，之後再安定下來。這張牌描繪一隻金牛，很巧的，那位音樂家是金牛座。

3. 權杖七：這張副牌意指音樂家並沒有正視這段感情。我的客戶告訴我對方有兩份工作，手邊也有許多待處理的案子，同時他也在計畫搬家，抽到這張牌她並不感到意外。在這個牌陣裡，一張主牌「藝術」與一張無關緊要的副牌並列，看起來確實令人失望。而且這張副牌還不是代表情感的聖杯，而是代表行動、熱情的權杖。（通常在詢問情感議題時，我們會比較期待看到聖杯牌。）

4. 圓盤騎士：音樂家並沒有想要與她共度未來，而且他已經在這段感情中看到終點。「圓盤騎士」是所有的騎士牌裡，唯一一張靜止不動的牌。這張牌也解答前面抽到的「圓盤王子」。女方希望他們的未來有所發展，然而，男方卻沒有這個意圖。

5. 新紀元（第 20 張主牌）：在偉特塔羅裡，這張牌稱為「審判」。簡而言之，兩人的相遇對女方來說是一份禮物。她已經三年沒有和男人約會，這一段戀情為她帶來滋潤，也讓她重新活了過來。

　　女方知道主動追求或打電話給他，都不是明智的決定。在這個牌陣裡，兩張主牌和宮廷牌雖然有給她一些鼓勵，但她已經瞭解「權杖七」在這個牌陣所代表的意義，因此決定成熟地面對這件事情。

基本牌陣4：過去、現在、未來

　　另一個常見的牌陣是以三張牌為基準，稱為「過去、現在、未來」牌陣。首先，洗牌、切牌，將牌展開成半月形，接著抽三張牌。第一張牌代表這個事件的歷史，第二張牌代表現在，第三張牌代表未來發生的事件。

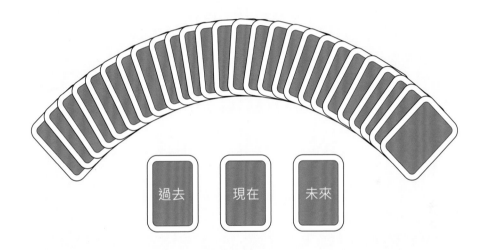

　　這個牌陣很受歡迎，適合初次接觸塔羅的人使用，也很適合當作派對娛樂、宴會活動，或用於靈性聚會。這個牌陣很簡潔，操作起來也很迅速，在場的每個人都有機會嘗試。最特別的是，這個牌陣可以立即驗證其準確性，因為每個人都知道自己的過往經驗。

　　很多塔羅初學者沒有受過訓練，不清楚塔羅的象徵與意義。在解讀時，當牌卡揭露真相，他可能會感到尷尬或不知道如何表達。基於這個理由，當你在為別人解讀時，選擇一個比較隱密的空間，讓問事者保有隱私，也防止別人偷聽。

解讀時，如果有人表現出很刻薄的行為，例如取笑你、與你爭論、態度不佳、貶低甚至辱罵你，那就直接停止幫他解讀，你不應該受到這種傷害。記得，並不是每個人都能理解塔羅的象徵意義並運用隱喻來感知這個世界。

不過，也可能會發生另一種相反的情形：大家都對塔羅充滿興趣，爭相要請你做解讀，並渴望瞭解更多關於塔羅的知識。此時，你可以給他們一副塔羅牌，邀請他們一起來學習。你也可以組織一個塔羅學習群組，讓大家一起體驗塔羅的奧秘和祝福，透過塔羅的照映，分享彼此的生命經驗。

二擇一，維持現況或繼續前進？

在這個簡單的牌陣裡，你可以抽兩張牌來決定「是與否」。所有二擇一的問題都可以經由這個牌陣找到解答。首先，洗牌、切牌，將牌展開成半月形。抽一張牌，牌面朝下代表「是」，抽第二張牌，牌面朝下代表「否」。接著翻牌，比較兩張牌的內容，選擇比較好的那一個結果。例如：我今年度假應該要去地點 A 或地點 B ？事先決定 A、B 分別代表哪一張牌，接著洗牌、切牌，將牌展開成半月形，抽兩張牌，牌面向下。接著翻牌，第一張牌代表 A，第二張牌代表 B。比較兩張牌的內容，你比較喜歡哪一張？哪一張牌對你來說比較有力量？你可以單純觀看牌卡上的圖像，看圖說故事。有些圖一目瞭然，有些則比較有深度，需要仔細觀察。如果你的心中還有疑惑，多給自己一些時間，把卡片立在桌上，持續觀察，答案就在牌卡中。

　　維持現況或繼續前進？這也是二擇一的問題。例如：「我應該要繼續住在家裡，還是搬出去？」這個問題可以抽兩張牌來獲得解答。第一張牌代表繼續住在家裡的情況，第二張牌代表搬出去的情況。再一次提醒，比較兩張牌的內容，根據你的提問選出你最喜歡的牌。

多選題

　　如果有超過兩個以上的選項，你可以先在心裡默想其中一個選項，同時抽出第一張牌。第二張牌就代表其他選項，也就是未來可能出現的其他選項。記得自己的抽牌順序，哪張牌代表哪個選項，不要因為選項過多而搞混。

　　在上一個牌陣裡，我們是抽兩張牌來決定要維持現況或繼續前進。如果是繼續前進，那麼你可能會面臨到更多選擇，例如要搬到哪一個地點。一樣先洗牌、切牌，將牌展開成半月形。抽牌，牌面向下，每一張牌代表一個特別的地點。別忘了你需要再額外抽一張卡代表「其他選項」，也就是你目前尚未想到的其他地點。

　　多選題適用的情況很多，例如面臨多個工作邀約、想要找到自己適合的休閒活動、選擇適合的大學等等。

單張牌陣

　　我們可以在單張牌陣裡看到簡約之美。首先，洗牌、切牌，將牌展開成半月形。在心裡默想你要詢問的問題，同時抽出一張牌。同一張牌可以有上千種故事版本。塔羅如同一盞明燈，透過牌卡的圖像，我們可以清楚看見前方的道路。

　　使用單張牌陣時，可以省略洗牌、切牌的步驟。這個牌陣非常方便，很適合購物、旅行時使用。你可以事先洗牌，把牌放在一個小布袋裡。上街購物時，把這個小布袋放在隨身包裡，當你在猶豫要不要購買眼前的商品時，就可以從小布袋裡抽出一張牌，答案將會非常明確。例如抽到「皇后」代表可以購買，抽到「寶劍二」就算了吧！

　　塔羅牌有各式各樣的尺寸，如果你想要隨身攜帶，我推薦購買偉特塔羅的「口袋版」。你可以事先洗牌，把牌放在小布袋裡，隨身攜帶。因為你不會知道什麼時候需要解讀，而一張牌足以提供你所需的見解和資訊。

　　以下是單張牌陣的解讀案例，裡面有個很棒的結局：我接到一通來自洛杉磯的電話，是我的一位塔羅客戶。電話裡傳來一陣微弱的聲音：「蘇珊，不好意思半夜打擾你⋯明天就是艾美獎頒獎典禮，我輾轉難眠，我好想知道我能否贏得這個獎項。」我抽到「星星」，於是我跟她說：「你就是那顆耀眼的星星，無論有沒有得獎，明天對你來說都代表勝利。」隔天，她得到她首座艾美獎。在這個案例中，一張牌就足以提供我們需要的資訊。

第 **8** 章

進階牌陣
七脈輪牌陣

　　對瑜伽或阿育吠陀醫學有興趣的人應該會喜歡這個牌陣。阿育吠陀一詞源自梵文，意思是生活的智慧。阿育吠陀是印度的古老療癒系統，已經流傳數千年。這個古老哲學包含七脈輪的概念。七脈輪牌陣裡的每一張牌分別描述不同脈輪的狀態。若要了解更多脈輪的資訊，可以參考本書的前言「基本概念：塔羅與脈輪」。

　　首先，洗牌、切牌，將牌展開成半月形。接著，為每一個脈輪抽牌，一次翻開一張。先判斷這張牌是什麼，如果是主牌、宮廷牌或 1 號牌，代表這是一個需要特別關注的議題。不要害怕抽到負面的牌，這只是代表你需要行動，為自己做些改變。另外，我發現這個牌陣的第四張（也就是心輪的位置）是一張很關鍵的牌，解讀時需要特別注意。

7　7. **靈感**：如何敞開自我，連結神聖本源

6　6. **視野**：如何找到自己的最高使命和目標

5　5. **溝通**：如何與內在的智慧溝通

4　4. **愛**：如何表達關懷和愛

3　3. **力量**：如何展現個人力量

2　2. **性與創造**：如何表達自我

1　1. **生存、根基**：如何活得踏實、落地

七脈輪

生命之樹牌陣

　　卡巴拉是一套源自希伯來文化的神秘學系統，這個系統告訴我們每個人都是一顆星星，都是神的器皿，承載來自上帝的光。這道光點亮十個質點，構成一棵生命之樹。對這個神秘系統有興趣的人應該會喜歡這個牌陣。

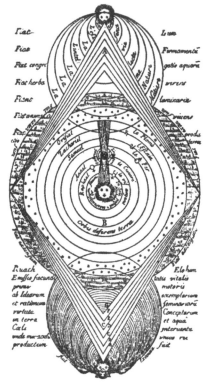

卡巴拉教義宗旨

　　生命之樹是由數字 1 到 10 組成，每個數字都有一個象徵含義。首先洗牌、切牌，將牌展開成半月形，接著抽出十張牌。在這個牌陣裡，我們先翻開第 10 張「malkuth」，代表物質世界。最後才翻開第 1 張「kether」，代表神聖的冠冕。抽到的牌不一定會剛好對應生命之樹的質點，例如，「kether」代表皇冠，這個位置不一定會抽到 1 號牌；「binah」代表母親，這個位置不一定會抽到「皇后」；「malkuth」代表物質世界，這個位置不一定會出現「錢幣／圓盤」。先辨認你抽到的是主牌、副牌或宮廷牌。觀察這些牌的元素：是否缺少什麼元素？哪一種元素佔多數？是否有成對的牌？牌和牌之間有什麼關聯？

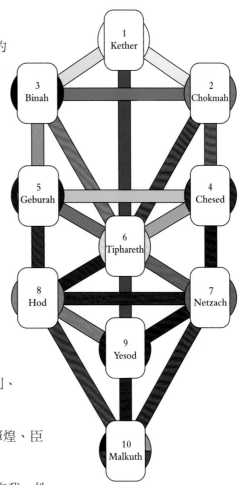

1. 數字 1 對應「kether」，代表神聖的冠冕。「kether」的意思是第一，是一種統治、支配的能量。

2. 數字 2 對應「chokmah」，代表父親，象徵智慧、父權。

3. 數字 3 對應「binah」，代表原始、子宮、母親，有理解之意。

4. 數字 4 對應「chesed」，代表愛、善良、恩典、憐憫之心。

5. 數字 5 對應「geburah」，代表判斷、力量、約束。

6. 數字 6 對應「tiphareth」，代表美、平衡、和諧。

7. 數字 7 對應「netzach」，代表勝利、優越。

8. 數字 8 對應「hod」，代表光榮、輝煌、臣服於上帝。

9. 數字 9 對應「yesod」，代表基礎、自我、性。

10. 數字 10 對應「malkuth」，代表王國、行動、物質世界。

風水牌陣

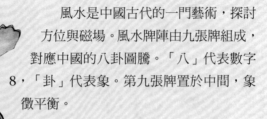

風水是中國古代的一門藝術，探討方位與磁場。風水牌陣由九張牌組成，對應中國的八卦圖騰。「八」代表數字8，「卦」代表象。第九張牌置於中間，象徵平衡。

八卦的概念是由一位傳奇的中國帝王伏羲氏所建立，他是西元前三千年新石器時代的統治者。某天他在黃河的河畔看到一隻烏龜，龜殼上有一個記號，因而產生靈感。龜殼上的記號演變成所謂的八卦，包含風、火、地、雷、澤、山、水和天。有個簡單的方法可以讓你記住八卦：把他們當作成對的四元素，火元素是火和雷；水元素是水和澤；風元素是天和風；土元素是地和山。

在風水牌陣裡，你可以仔細觀察，看看自己需要改善的部份是什麼。你也可以學習風水，改善自己周圍的環境。

188

第一張牌 —— 火：名利、聲望

第一張牌代表名利、聲望。火，如同飛蛾眼中的熊熊烈火。明亮的火焰能吸引眾人的目光，也能為他人指引方向。改善「火」的部分，能讓你的成就得到別人的認同、受到注目，並帶來清晰的洞見，協助你實現目標。

「火」的位置如果抽到以下與火元素相關的牌卡，代表非常幸運：權杖牌組裡的宮廷牌、「權杖一」，以及與火有關的主牌，例如「太陽」、「皇帝」。

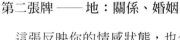

第二張牌 —— 地：關係、婚姻

這張反映你的情感狀態，也代表你的配偶或伴侶。土元素是一種接受、滋養的陰性能量，提醒我們要敞開心胸、包容接納、滋養自我，以維持和諧的關係。改善「地」的部分，能創造出更有意義的關係牌 —— 浪漫而具有深度，同時也能增廣你的社交範圍。

「地」的位置如果抽到正向、和諧的錢幣或聖杯都是很好的象徵，因為錢幣就代表土元素，而聖杯在人際關係中是很受歡迎的牌組。另外，這個位置也很適合抽到象徵健康關係的主牌，例如「戀人」和「正義」。

190

第三張牌 —— 澤：孩子、創意

這張牌象徵孩童和創意，如同天真的孩童在平靜的湖泊裡玩耍、游泳，「澤」提醒我們要用天真、純淨的心看待周圍這個充滿驚喜的世界。改善「澤」的部分可以協助我們自在地表達自我、展現創意，並協助我們運用智慧，溫柔地指引孩子，陪伴他們成長。

這個位置也與情感議題有關，適合出現聖杯牌。若出現其他象徵孩童的牌也很適合，例如「愚者」。此外，也適合出現 1 號牌，因為它們代表新的開始。

第四張牌 —— 天：貴人、旅行

這張牌代表在人生旅途中協助我們的貴人，他們就像是上天派來的天使。這張牌也代表旅行的機會。改善「天」的方法很多，例如：培養慈愛的心、促進雙方互惠關係、當志工，或是成為一個好的員工、好的鄰居等等，這些方法都能協助你在對的時間遇到對的人。

第四張牌可以用「節制」來說明，因為在偉特塔羅裡，這張牌描繪天使。如果抽到宮廷牌也是很好的象徵，代表有貴人相助。

第五張牌 —— 水：事業、生命旅程

這張牌對應你的事業、專業領域，或生命的旅程。「水」教導我們如何面對生命的變動、如何好好工作貢獻自己的力量。如果在事業上面臨困難，或沒有找到自己真正的使命，可以改善八卦裡「水」的部分，例如工作場域或住家。

這個位置如果出現「魔術師／魔法師」、「戰車」、「力量／慾望」、「星星」、「世界／宇宙」都是很好的象徵。抽到代表靈感的牌或是「聖杯1」也是好的預兆。

第六張牌 —— 山：知識、自我覺察

這張牌代表知識和自我覺察。培養自我覺察的能力，能讓我們更加穩定，如山一樣堅定不移。現代人常常忽略沈思、冥想和反省的重要性。很多個人的問題、社會的問題都需要往內探尋以獲得解答。這張牌顯示你可以發展的面向。如果出現負面的牌，代表你需要理解、克服的部分。

「山」的位置可以用「隱士」來比喻，代表內在追尋、對知識的渴望和自我覺察。

第七張牌 —— 雷：家庭和健康

這張牌對應家庭和祖先，也代表健康。（有些身體的疾病是會遺傳的。）誠實面對「雷」的部分，可以改善家族關係、化解衝突，並帶來感恩、尊敬和欣賞的能量。無論是對父母、祖先

或其他長輩，都是如此。這張牌也代表我們與老闆、上司之間的關係。

這個位置可以用「教皇」來比喻，代表一個傳統的家庭、社會。如果抽到「星星」、「皇后」等象徵健康的牌，都是很好的徵兆。

第八張牌 —— 風：財富、繁榮

這個位置代表財富、繁榮和祝福，象徵好運如一陣微風，迎面而來。「風」帶給我們財富、繁榮、和諧、豐盛、榮耀和升遷。改善「風」的部分，可以增添運勢，例如財富的增加、生意的拓展等等。

很明顯地，正向的錢幣牌組很適合出現在這個位置，例如「錢幣／圓盤一」、「錢幣／圓盤十」。代表貧窮的「錢幣／圓盤五」就不適合出現。如果抽到「命運之輪」則非常幸運，因為這張牌就象徵財富。

第九張牌 —— 中心：平衡之地

第九張牌位於正中心，象徵和諧與滿足，告訴我們如何將八張牌結合在一起，以及在這個解讀中我們要追求的是什麼。在這一個位置沒有所謂的好牌。無論抽到哪一張，都是在告訴我們要學習把那張牌的特質融合在自己身上。無論是好是壞，是苦還是樂，都是我們接下來要學習的人生功課。

風水牌陣裡的每一張牌都不是單獨存在的個體，它們相互關聯，如同我們每一段人生經歷。如果你渴望擁有一段婚姻，那麼「地」這個位置對

你來說就很重要。然而,「山」這個位置也不容小覷,因為它代表自我覺察,唯有夠瞭解自己,才能與他人建立緊密的關係。若是在「風」的位置抽到象徵豐盛的牌,代表你可以將這個豐盛分享出去,進而成為別人的貴人,也就是「天」。這一切都是環環相扣的。

十字牌陣

這是我最喜歡的牌陣,由十張牌組成,幾乎所有的問題都適用。如果問事者沒有一個明確的問題,也許他只是想體驗塔羅的解讀過程,這時候就可以使用十字牌陣。十字牌陣也很適合在生日或迎接新年時使用。如果要詢問情感相關議題,比起前面介紹的基本牌陣(「關係牌陣」或「愛是一切答案」),十字牌陣能夠提供更深入的資訊。

十字牌陣是塞爾特十字牌陣的一個變化版本。在十字牌陣的解讀裡,每張牌的意義都會再疊加前一張牌的意義,層層堆疊,相互關聯。在開始解讀之前,先洗牌、切牌,不過這一次我們不會將牌展開成半月形,而是把這疊牌的第一張抽出來,牌面朝上。一次一張,把十張牌都排好。使用這個牌陣時,我們可以把抽到的牌直接翻開,因為我們使用的是整疊牌的前面十張,因此,無論你的潛意識作何反應,都不會影響後面抽到的牌。

觀察這些牌,它們是主牌、副牌或宮廷牌?屬於哪一種元素?你的身體有什麼反應或感受?有出現什麼直覺嗎?在分析牌卡時,你有什麼感受?仔細觀察你的牌,開始幫自己解讀。

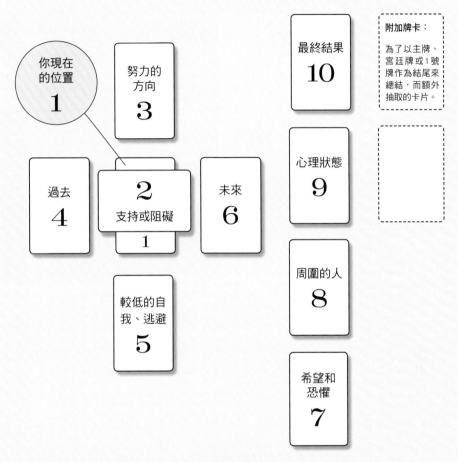

第 1 張牌：

　　這張牌顯示你現在所處的位置。仔細解讀這張牌，你會發現很多資訊。如果是宮廷牌，它呈現了你哪個部分的人格特質？如果是主牌，它顯示了愚者之旅的哪一個部分，以及哪一種原型？如果是 1 號牌，代表一個命定的改變、新的開始。如果是副牌，代表你目前的生命歷程需要特別注意的議題。

第 2 張牌：

代表第 1 張牌的支持或阻礙。如果兩張交疊的牌意義明顯不同，代表有所衝突、相互抵觸。例如：第 1 張牌是「審判／新紀元」，第 2 張牌是「寶劍九」。第 1 張牌代表重生，新的開始，但是第 2 張牌描繪的是內心不願改變，不願意放下舊有的行為。另一種可能是兩張交疊的牌呈現一種和諧的感覺，牌中的元素可以相互融合，例如：第 1 張牌是「聖杯二」，第 2 張牌是「星星」，這兩張牌明顯能相互搭配、融合。

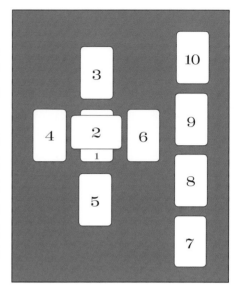

第 3 張牌：

位於第 2 張牌上方，代表需要做的事情、努力的方向。在這個牌陣裡，這張牌位於頂端，象徵「皇冠」，它能祝福、庇佑這一個解讀，並期望問事者努力達到第 3 張牌所代表的品質。若這是一張正向的牌，例如「聖杯十」，代表你需要培養這個品質，若抽到一張代表問題的牌，例如「寶劍五」代表你必須經歷這個過程，不要抗拒，唯有透過這個經驗，才能讓你進步、成長。第 3 張牌的存在是為了自身的最高利益。

第 4 張牌：

位於第 1、2 張牌的左邊，代表你的過去。觀察這張牌，試著去理解第 4 張牌如何把你帶到目前這個情況，也就是第 1、2 張牌。一旦你看到這張牌的圖像，就會知道它指的是哪一個特定的事件，或你的哪一個習性、慣性。在

多數的案例裡，這張牌通常是指某個特定的事件。

第 5 張牌：

第 5 張牌位於下方，代表你應該避免的行為，象徵隱藏、逃避。這張牌會揭露出你不願面對，習慣逃避、否認的事情。聆聽第 3 張牌的指引，放下第 5 張牌所代表的習性（即便它可能是一張受歡迎的牌）。

第 6 張牌：

位於第 1、2 張牌的右邊，代表未來。你可以直接解讀第 4 張牌（過去）、第 1、2 張牌（現在），和第 6 張牌（未來），就像在解讀「過去、現在、未來」這個基本牌陣，只不過十字牌陣是加強的版本。接著，再加入上下兩張牌的說明和指引，也就是第 3 張牌（皇冠）和第 5 張牌（隱藏、逃避）。

第 7 張牌：

位於右邊直排的最底部，代表希望和恐懼，這張牌可以說是這個解讀裡最重要的一張。我們內在的希望和恐懼通常是無意識的，而這些無意識的行為會阻礙我們通往真實的道路。例如，我們都希望擁有愛，然而在某些層面，卻又因為害怕而抗拒愛。我們希望成功，卻又害怕成功。把第 7 張牌和第 6 張「未來」做個比較，第 7 張牌的能量是否支持「未來」？另外，第 7 張牌與第 4 張「過去」的議題是否相關？第 7 張牌是否支持第 3 張「皇冠」的能量？或者，第 7 張牌跟第 5 張牌是否能量一致，都聚焦在負面狀態？代表希望和恐懼的第 7 張牌是支持或阻礙第 1、2 張牌？解讀第 7 張牌的時候，試著交叉比對與其他牌卡的關係。

第 8 張牌：

位於第 7 張牌的上方，代表周圍的環境和人。如果你詢問的議題是與人的關係，那這一張牌可以代表他人對你的感受。如果你是詢問工作相關議題，這張牌就代表其他的工作夥伴如何看待你，也代表這個工作場域的整體氛圍。如果第 8 張牌的位置出現宮廷牌，則象徵其中一個個體，描述對方的人格特質，而不是你。除了這個位置之外，其他的位置如果出現宮廷牌都代表你的某個人格特質，而非他人。

理解並整合第 8 張牌與其他牌之間的關係。觀察這張牌的能量是否支持你的目標，也就是第 1、2、3、7 張牌。或許，這張牌激發第 5 張牌，也就是「逃避、隱藏」的能量，甚至把你帶回到第 4 張牌的狀態。如果第 8 張牌顯示他人正在經歷一段奮鬥、掙扎，你可以選擇協助對方或直接離開。如果第 8 張牌顯示周圍一切均安，那就保持平常心，不需多費心思。

第 9 張牌：

位於第 8 張牌的上方，代表你的心理狀態和態度。一個正向的態度可以平衡第 6 張牌的能量（如果第 6 張抽到比較負面的牌）。若抽到比較消極的牌，可能會減弱其他牌的能量。我們需要多加留意，因為心理狀態確實會影響到最後的結果。

第 10 張牌：

位於第 9 張牌的上方，代表最後的結果。通常會在一個月或一個完整的月亮週期之內實現。同樣的，我們嘗試理解並整合第 10 張牌與其他牌之間的關係和意義。觀察這一段旅程，從第 4 張牌（過去），一直到終點，也就是第 10 張牌。

由於第 10 張牌代表最後的結果，這張牌一定要是象徵命運的牌，也就是主牌、

宮廷牌或 1 號牌。如此一來，這段旅程的終點才會是一張有力量的命運牌，而非一張次要、比較不重要的副牌。如果沒有抽到命運牌，就繼續抽到出現命運牌為止。在最後一張命運牌出現之前抽到的副牌，象徵你在抵達終點之前，所要經歷的起起伏伏和各種體驗。觀察這些數字、元素，以及時間軸。額外抽取的副牌象徵一個月的時間，不過若抽到權杖牌，特別是「權杖八」則代表更短的時間間隔。

十字牌陣是以逆時針的方向排列，象徵問事者不是被這個牌陣所制約。相反的，問事者擁有全然的力量，可以透過自我改善，達到正向的結果。問事者也可以進行干預，改變原本的困境。前面 6 張牌所組成的圓圈象徵陰性能量。第 7 張到第 10 張牌組成的直線象徵陽性能量。圓圈和直線的陰陽象徵，也為這個牌陣提供更多觀點。

十字牌陣的應用：流年與生日解讀

如果要將十字牌陣運用在流年解讀或生日解讀，可以把十字牌陣所預測的時間拉長至一年。如此一來，第 1 張和第 2 張牌的影響力會持續好幾個月。第 4 張牌代表去年，第 6 張牌則是會影響該年的前 6 個月份。第 9 張牌預計會在第 9 個月時明朗化。第 10 張牌（最終結果牌）會在最後 3 個月之間顯現。第 3 張和第 5 張牌的影響會持續一整年。如果你在這個牌陣抽出超過 10 張牌，就調整一下時間軸，把所有副牌的歷程也算進去。

第**9**章

塔羅與數字

除了「指示牌」，每個人都擁有一張專屬於自己的主牌。這張牌如果在解讀時出現，將會為你帶來重要的影響。要找到屬於自己的主牌，首先將你的生日數字直向相加，例如：我的生日是 1955 年 3 月 15 日（1955/3/15）：

$$
\begin{array}{r}
3 \\
15 \\
+1955 \\
\hline
1973
\end{array}
$$

接著，把 1973 這幾個數字相加：1+9+7+3＝20

（1+9＝10, 10+7＝17, 17+3＝20），20 這個數字還可以再相加：2+0＝2

22 張主牌包括數字 0「愚者」到數字 21「世界／宇宙」，其中第 20 張和第 2 張分別是「審判／新紀元」和「女祭司」。第 20 張牌「審判／新紀元」就代表我的人格特質，是我呈現出來的樣貌，也就是別人眼中的我。如同我的上升星座，是我在這個世界上的角色。「審判／新紀元」代表的是我的外在特質，是我的角色牌。摘下角色面具的我、真實的我，是由數字 2 所代表的「女祭司」。我對「女祭司」有很深的自我認同感，甚至覺得自己就是「女祭司」。因為我是一位專業的塔羅師、占星師以及風水顧問。我的興趣是研究中醫、寫作和閱讀。我在自己的身上看到「女祭司」的原型。

　　這個計算方法有別於傳統的數字學，以數字學來看，我代表的數字是 11，是一個具有高度靈性內涵的數字。傳統數字學的算法如下：我的生日是 1955 年 3 月 15 日，將數字個別相加，也就是 1+9+5+5+3+1+5=29，再拆解成 2+9=11。因此，我的數字是 11，而非 2。11 在傳統數字學裡被視為大師數，所以不用再繼續相加。

範例

　　我的妹妹雀兒是我的靈魂伴侶、家人。她以自己的主牌當作原型，真實地活出自己獨特的樣貌。她出生於 1958 年 6 月 5 日，計算方式如下：

$$
\begin{array}{r}
6 \\
5 \\
+1958 \\
\hline
1969
\end{array}
$$

　　1969 可以再拆解為：1+9+6+9=25，但是塔羅的主牌並沒有 25 這個數字，因此我們再拆解：2+5=7，7 代表「戰車」。在這個範例中，代表人格特質的數字很明確，因為只有一個個位數字。也因為人格特質和靈魂牌是一樣的數字（都是 7），所以我們可以說雀兒具有雙重「戰車」的能量。她是一名運動員，在工作上是一位管理者。認識她的人都覺得她像一名戰士，可以剷除一切阻礙。在傳統的數字學裡，數字 7 代表靈性追尋，也很符合她的特質。

　　你可以幫家人、朋友和同事計算他們的生日數字，找到他們專屬的塔羅主牌。如果數字大於 22，就相加至個位數字，這也代表人格特質和靈魂牌是一樣的數字，如同雀兒的例子。

　　數字 22 代表「愚者」。22 可以再相加，變成 4，也就是「皇帝」。如果一個人的生日數字相加是 22，那麼他的人格特質就是「愚者」，而靈魂牌是「皇帝」。

　　比較特別的是，當一個人的生日數字相加是 19，代表他同時啟動 3 個主牌的原型。例如，生日是 1976 年 2 月 3 日，計算如下：

$$
\begin{array}{r}
2 \\
3 \\
+1976 \\
\hline
1981
\end{array}
$$

　　把 1981 相加：1+9+8+1=19，數字 19 代表「太陽」。19 還可以再拆解成：1+9=10，數字 10 代表「命運之輪」。最後，數字 10 還可以再拆解成：1+0=1，數字 1 代表「魔術師」。19「太陽」、10「命運之輪」和 1「魔術師」是個非常幸運的組合，象徵勝利。

門牌號與歷史事件

　　把數字相加找到相對應的塔羅主牌，這個方法可以有無限種應用方式。一棟建築物的能量也可以用這個方法來計算，將地址上的數字相加（不需要加上公寓或套房的房號，也不用加上郵遞區號）。例如，第五大道 111 號，就會是 1＋1＋1＝3，數字 3 代表「皇后」，象徵這裡是一個絕佳的居住地。具有歷史意義的日期也可以用這個方式找到對應的主牌，例如，1519 年 3 月 12 日是西班牙探險家科提斯（Hernando Cortez）的船停靠在墨西哥維拉庫斯岸的日子。

$$
\begin{array}{r}
3 \\
12 \\
+1519 \\
\hline
1534
\end{array}
$$

　　1＋5＋3＋4＝13，數字 13 代表「死神」，1＋3＝4，數字 4 則是「皇帝」。在這一個命定的日期，同時出現「死神」和「皇帝」。「皇帝」象徵西班牙的殖民統治，而「死神」象徵在殖民統治之下，墨西哥人的生活。

角色牌和靈魂牌：
從 1 號「魔術師」到 9 號「隱士」

　　代表人格特質的角色牌是十位數字，靈魂牌則是個位數字。你可以研究身邊親友的角色牌和靈魂牌。對於父母或其他照顧者來說，瞭解孩子的牌是很重要的，可以協助我們運用更高的角度和智慧的眼光來看待孩子，並陪伴他們自然成長。

1 號：魔術師 / 魔法師
（一併說明 10 號「命運之輪」和 19 號「太陽」）

　　「魔術師」是個獨立、獨特的靈魂，擁有領導和開創的能力。「魔術師」的魔法工具可以將數字 1 的動力和活力轉化到更高層次，且具有療癒的品質。「魔術師」能滋養自我，並走在靈性發展的道路上。他能保持正向的信念和態度，看待自己與生俱來的天賦特質。

　　以角色牌來看，19 號「太陽」和 10 號「命運之輪」代表一個多采多姿的生命。這個人擁有「魔術師」的靈魂，能運用魔法般的力量和意志力，實現自己的願望。他的特質如同「太陽」，散發成功而耀眼的光芒。隨著「命運之輪」的轉動，好運不斷降臨。機會的大門總是為他敞開，因為「太陽」和「魔術師」都擁有讓好事發生的能量。

2 號：女祭司

（一併說明 11 號「正義 / 慾望」和 20 號「審判 / 新紀元」）

「女祭司」的靈魂是透過愛、服務、和平、溫柔、和諧、寧靜的品質來表達。「女祭司」以簡單的生活為出發點，致力於研究形而上的哲學以及相關工作。她喜歡營造寧靜的空間，不喜歡成為聚光燈下的焦點。「女祭司」能達到三摩地的狀態（身、心、靈的合一），因為她是向內探尋的，一心追尋靈性，走在服務的道路上，不求回報。如同其他的靈魂牌，「女祭司」的靈魂可以是男性或女性，是不分性別的。

數字 11「正義」的人格特質是重視誠信，為人正直。11 號牌也代表「慾望」，是一個充滿熱情、創意，帶有一點貪慾的特質，由充滿智慧和洞察力的「女祭司」所引導。如果你不知道自己的角色牌是 11 號「正義」還是「慾望」，可以參考自己的出生星座。如果是天秤座，或是在狗年出生，就代表「正義」。如果是獅子座或其他火象星座，則代表「慾望」。

帶著 20 號的特質，以及 2 號的靈魂數字，形成「審判 / 新紀元」這個角色。他能鼓舞人心、樹立榜樣。他知道自己擁有療癒的力量，能轉化他人，具有極大的影響力。

3號：皇后

（一併說明12號「吊人」和21號「世界／宇宙」）

　　「皇后」的靈魂以喜悅、才華和幽默來呈現。透過對美的鑑賞，培養藝術氣息和開發創意潛能，能為你帶來豐盛。「皇后」享受著美好的一切，她知道宇宙是豐盛的，能賦予我們一切所需。

　　「吊人」這個角色代表錯誤的開始、走到死胡同，或生活上的小挫折。然而，當你願意悉心照料內在的花園，自我修煉，並培養「皇后」的特質，你就能優雅地通過考驗。佛家有一個概念是「砍柴挑水日日道」，即便你已達到開悟的境界，仍需每天砍柴挑水，這也象徵「吊人」的角色意義。

　　「世界／宇宙」這個角色擁有滿滿的祝福，因為宇宙是非常豐盛的。這張牌也代表整個世界任你遨遊，一切美好都在你的眼前開展。你可以活出自己的夢想，因為「皇后」會協助你顯化這一切，「皇后」的靈魂是很豐盛的。

　　如同其他的靈魂牌，「皇后」的靈魂可以是男性或女性，是不分性別的。

豐盛的宇宙賦予我們一切所需。

---

4 號：皇帝

（一併說明 0/22 號「愚者」和 13 號「死神」）

　　無論是經營事業或處理一般事務，「皇帝」在他負責的領域裡表現卓越，總是盡心盡力。對於理想，他不會妥協。「皇帝」是要成為一位領導者而非追隨者。工作時，他無法受人監督，因此盡量避免這個情況發生。「皇帝」擁有數字 4 所帶來的穩定、信任和堅持不懈的能量。他獲得快樂的秘訣是「參與」。這個原型如同一座發電廠，有源源不絕的動力，也因此要時時覺察自己把能量投入在哪裡。如果是投入療癒相關活動是很好的，但記得不要使用這個能量去支配他人。

　　數字 22 代表的角色是 0 號「愚者」，「愚者」的能量可以激發「皇帝」的創意，鼓勵他勇於冒險。很多自由工作者或企業家都擁有「愚者」和「皇帝」這個組合能量。如果角色牌是「死神」，請保持高度的覺知並享受蛻變過程所帶來的美好經驗。對「死神」這個角色來說，催眠療法、開啟更高覺知、體驗薩滿旅程或是投入療癒、醫療照護相關活動，都能讓他感到滿足。建議可以投入這些領域，培養相關興趣或專業技能。

5 號：教皇

（一併說明 14 號「節制 / 藝術」）

　　「教皇」旨在處理內在議題：到底是要符合傳統，還是打破限制？遵循舊有規則或創立新的體系？這個選擇對「教皇」來說充滿挑戰。也因此，事情開始出現二分法。「教皇」是要默許這個社會對他的期待，還是起身反抗這個建立已久的社會秩序？他的一生會體驗到這兩種經驗。「教皇」類型的人通常從事傳統的工作，例如一般上班族，也可能任職法律、醫藥或學術相關領域。

　　然而，他們仍想為傳統注入新的能量。在傳統的數字學裡，數字 5 代表躁動、改變、旅遊和冒險、自由、靈活多變。

　　14 號「節制 / 藝術」的角色擁有藝術天份且充滿創意，成為藝術家或發展相關技能，能讓他們一展長才。如同煉金術可以點石成金，他們能夠轉化自己的生命，即便週遭充滿挑戰，特別是艱困的童年，「節制 / 藝術」特質的人可以跨越這些阻礙，為自己創造美好的人生。

6 號：戀人

（一併說明 15 號「惡魔」）

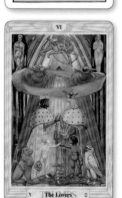

　　「戀人」的核心課題是愛自己。當我們願意愛自己，別人才能在我們身上看到愛。療癒這個世界之前，先療癒自己。「戀人」的能量能整合多種愛的形式，感受萬事萬物的連結，包括人、植物、動物、物品等等。數字6代表和諧、平衡、和平。給自己一個平靜的時刻，你可以冥想，讓自己全然放鬆。數字6也代表責任、奉獻。

　　擁有15號「惡魔」角色的人，需要特別注意自己的力量，不要被他人控制（特別是在合夥關係中）。這類型的人很容易創造出一種相互依存或相互控制的關係，也很容易被媒體和流行資訊影響。要知道追求潮流、消費新奇事物，並不會協助你找回真實的自我。

數字6代表和諧、平衡。

7 號：戰車

（一併說明 16 號「高塔」）

「戰車」的精髓是無論外在情況如何，都清楚知道自己該往哪裡去，知道自己此生的目的，不會因為遇到困境而感到糾結。「戰車」專注於自己的力量，堅定地走在靈性發展的道路上，並為這個社會做出有貢獻的事情。數字 7 代表靈性追尋和內在指引，這些都是驅動「戰車」前進的力量。

16 號「高塔」這個角色看起來像是個麻煩人物，經歷許多困難和劇烈的改變。這個角色非常適合旅行，尤其是西藏、英國巨石陣、馬丘比丘、查科峽谷、尼羅河、希臘德爾菲、猶加敦半島或其他聖地。

數字7代表神聖的追尋、探求、內在指引。

8 號：力量／調節

（一併說明 17 號「星星」）

在傳統的數字學中，數字 8 代表力量、金錢和成功，這個象徵也適用於 8 號「力量」和「調節」這兩張牌。8 號「力量」是由獅子座主宰。如果你是獅子座，或其他火象星座——射手座、牡羊座，那麼「力量」就是你的靈魂牌。擁有「力量」的人天生幸運，具有非凡的勇氣和堅定的心，他堅忍不拔，擁有鋼鐵般的意志。

另一張 8 號牌是「調節」，由天秤座主宰，如果你是天秤座，或是其他風象星座牌——雙子座、水瓶座，那麼你的靈魂牌就是「調節」。心的清明、內在的祥和，以及思想的平衡，都是「調節」所帶來的美好品質。

17 號「星星」這個角色直接從字面上解讀就是在幸運星之下誕生的人，他們通常很受歡迎，全身散發著光芒。「星星」象徵內外兼具，集聰明美麗於一身。

9 號：隱士

（一併說明 18 號「月亮」）

「隱士」過著靜心沉潛的生活，專注於滋養豐富的心靈。「隱士」能在孤獨的生活找到平靜，對他們來說，遠離人群，擁有自己的空間與時間是很重要的。他們喜歡寧靜，享受一個人的時光。數字 9 代表宇宙之愛、博愛，也因此「隱士」對各種形而上的議題是很感興趣的。

18 號「月亮」象徵不斷改變、持續成長。這種類型的人往往很難做決定，尤其是在靈性成長和人生的道路上。某個階段適合的東西，經過一段時間可能又不適合。這類型的人通常害羞內向，在經歷一個循環週期後常常選擇退出、離開。隨著這樣的循環，他們會越來越成熟，逐漸學會社交。由於「月亮」的強大影響，他們通常具有敏銳的直覺和感官，但也很容易受影響。他們是天生的塔羅解讀師。對「月亮」來說，「隱士」的特質可以跟他互補，讓多變的「月亮」釋放壓力，並練習冥想、持續成長。

塔羅數字與流年

　　如同塔羅的愚者之旅，我們每一年都會經歷一段生命的旅程，旅程的主題就是某一張大阿爾克納。要找到自己的年度牌，首先，將你的出生日期，加上當年度的數字。例如：

$$
\begin{array}{r}
3 \\
15 \\
+2015 \\
\hline
2033 = 8
\end{array}
$$

　　$2+0+3+3=8$　代表 2015 年的我，正在經歷 8 號「力量」年，象徵力量和穩定。在托特塔羅中，數字 8 也代表調節、平衡。

　　1 號年代表「魔術師／魔法師」，象徵一個新的開始，也代表以 9 年為一個循環週期的開始。這是一個充滿力量的年度，為你帶來滿滿的創意、財富和幸運。

　　2 號年代表「女祭司」。這一年有機會發展浪漫的戀情。數字 2 也代表合夥關係。這會是一個和平的年度，適合專注投入前一年開始的活動。

　　3 號年代表「皇后」，這一年生意盎然且充滿歡樂，特別適合慶祝以及旅行。每個人的個性不同，有些人很享受 3 號年，有些人則會覺得 3 號年是個忙

碌、緊湊的一年。

4 號年代表「皇帝」，象徵工作和專注。如同 2 號年，偶數年適合培育、滋養，帶有穩定的能量，奇數年則鼓勵改變，適合變動。

5 號年代表「教皇」，這一年很適合旅行、移動、搬家、嘗試新事物。「教皇」也帶有穩定、支持的能量。

6 號年代表「戀人」，這一年很適合從事與美有關的活動，也適合專注於內在的平靜與平衡。6 號年與 2 號年一樣充滿愛和陪伴，也與 4 號年一樣象徵紀律、工作。

7 號年代表「戰車」，在這一年我們會想要探索生命，找到存在的意義，我們會問自己為什麼這樣生活？我們在追求什麼？在 7 號年我們會對宗教、神學感興趣，並對事業和關係提出一些質疑。「戰車」總是不斷前進，在前進的過程，內在的疑問會逐漸獲得解答。

8 號年代表「力量」和「調節」，是充滿力量的一年，同時也代表金錢和名利。我們專注於前一年得到的答案，透過顯化獲得成功。靈魂牌是「力量」的人，會經歷充滿動力的一年。靈魂牌是「調節」的人，特別需要保持平衡。如同其他偶數年，8 號年是非常穩定的。

9 號年代表「隱士」，是一個循環週期的結束。這一年會完成許多事情，也會花不少時間獨處，放下自己不再需要、不適合的人事物。清除舊有的一切，為新的一年做好準備，因為接下來又是新的開始牌——代表「魔術師／魔法師」的一年。

第 **10** 章

塔羅的儀式

　　流傳數千年的儀式和慶典通常是在新月或滿月時舉行。當月亮改變、消長，我們也隨之改變、成長。天上人間，循環變化的道理都是相同的。

　　新月特別適合幫自己或別人做塔羅解讀，因為這是一個新的開始，是你的創意和潛力即將開展的時刻。新月的塔羅解讀可以為你帶來更高的視野，協助你建立目標，迎接新的月亮週期。新月象徵女神的少女階段。

　　你也可能偏好在滿月時做塔羅解讀，因為這時候的月亮能量達到巔峰。滿月時月光籠罩，照耀一切從新月以來所顯化的事物。滿月象徵女神的母親階段。

　　月缺象徵事物的消融，這時候的塔羅解讀能帶出關於臣服、釋放的議題，協助人們走在智慧的道路。月缺象徵女神的老嫗階段。

　　我推薦大家在新月或滿月時做一個完整的十字牌陣解讀（也可以新月和滿月都做）。或是在生日（你的太陽回歸日）、新年、農曆新年（冬至後的第二個新月時刻）、春分、秋分、冬至、夏至，及任何你需要占卜、指引的時刻。

　　春分和秋分象徵平均、平衡，是一個探討平衡、和諧相關議題的絕佳時間點。夏至和冬至代表白天與夜晚這兩個極端，這個時刻特別適合詢問關於生命的方向，或與選擇有關的議題。如果你無法在這些重要的日子安排解讀，那就先記住這些重

要的日期，在當天做一些簡單的儀式。例如，春分的時候在桌上放置花瓶並插上鮮花，或是在冬至時點燃一根小蠟燭。

土元素的儀式

「萬物之土，我們獻上祝福」

在解讀塔羅之前，你可以先打掃、整理自己的房子，因為土元素就象徵房屋。進入解牌的房間時，把自己當成第一次來訪的客人。觀察一下，你看見什麼？聞到什麼？聽到什麼？最重要的是，你感覺如何？任何的資料或研究都無法告訴你，為什麼你在一個空間會感到平靜，而在另一個空間卻不然。這很難用文字解釋清楚，卻很容易感受到。而這就是直覺，人類天生的機制、內在的智慧，在塔羅的解讀中，這是一個很重要的能力。

整理房子的時候，帶著內在的意圖，想像自己即將要把這個空間轉變成一個神聖的地方。打掃房子直到你感覺平靜，感受到內在的平衡。掃地或用吸塵器清潔地面，並把雜物移除。整理雜亂的空間、把地上的衣物撿起、打掃浴室、清洗碗盤、清潔鏡面和窗戶。

你對待房子的方式決定你的健康、財富、關係、運氣、事業、成長和創造力。古代中國道家創造「風水」這個科學和藝術兼具的系統，「風水」直接取其字面上的意思，就是風和水，這兩個自然元素可以形成山川。

解讀塔羅時，千萬不要沾染任何毒品、藥物、酒精或其他刺激性的物

質，例如香菸、咖啡、含咖啡因的飲料。這類型的物質都會影響你對卡片的解讀，造成混亂。

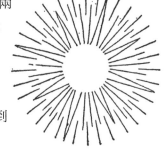

如果要放鬆自己的身體，你可以在解讀的前一兩天嘗試身體按摩、脊椎整復、針灸治療等等。身體就是你的神聖空間，因此，運動、睡眠和良好的飲食習慣都是維持情緒平衡的重要關鍵，對靈性工作也極為重要。如果塔羅解讀讓你喪失精力，就增加睡眠的時間。經過 10 或 12 小時的深層睡眠，你會感到煥然一新，也就能再繼續做下去。

地球母親孕育許多美麗、神秘、具有力量的創造物，其中一個奧秘就是水晶。水晶如同我們，擁有自己的生命歷程，它具有能量和生命。水晶可以增進、加深塔羅的解讀，它是高度演化的礦物，非常敏銳，與其他的岩石不同。透明的白水晶可以帶來清晰的能量。深色的水晶，例如茶晶、黑曜石，能協助你回歸內在。解讀塔羅時，如果感到暈眩或心浮氣躁，可以使用深色水晶。粉晶協助我們敞開心胸，為我們帶來更多理解、同理。紫水晶則協助我們開啟第三眼，打開更高的視野和敏銳度。如果只能選擇一種水晶，那就選紫水晶吧！

　　不同形狀、顏色和質地的水晶，分別對應太陽、月亮和其他星球的能量。天上星體的展現，能夠呼應著地上礦物的能量。

1. 太陽 ⊙：象徵保護和療癒。清澈的鑽石如同太陽閃耀著光芒。紅色的水晶，例如石榴石和紅寶石，以及金色的拓帕石、琥珀都擁有太陽的能量（琥珀是樹脂的化石）。對應的塔羅主牌是「太陽」。

2. 月亮 ☽：能夠釋放能量，協助表達、澄清情緒感受。象徵月亮的是月光石和蛋白石。來自海洋的禮物——珍珠，也是月亮的象徵物。對應的塔羅主牌是「月亮」。

3. 水星 ☿：促進溝通的水晶，例如權杖形狀的白水晶（特別是雙尖造型），以及白水晶簇都是水星的代表。對應的塔羅主牌是「魔術師／魔法師」。

4. 金星 ♀：帶來美麗、和諧的能量。粉晶、祖母綠、黃水晶、碧璽、橄欖石、翡翠都是象徵金星的礦石。對應的塔羅主牌是「皇后」。

5. 火星 ♂：帶來專注、明確的能量。代表的水晶包括：紅瑪瑙、雞血石、孔雀石、紅碧玉以及虎眼石。對應的塔羅主牌是「皇帝」。

6. 木星 ♃：擴張，帶來啟發的能量。象徵木星的水晶包括：青金石、紫水晶、藍寶石和藍銅礦。對應的塔羅主牌是「命運之輪」。

7. 土星 ♄：專注、顯化的能量。象徵土星能量的水晶包括：黑碧璽、黑煤玉、茶晶和黑曜石。對應的塔羅主牌是「世界／宇宙」。

8. 天王星 ♅ ：代表與其他銀河系的連結。藍銅礦、綠玉髓和矽孔雀石都有天王星的能量。對應的塔羅主牌是「愚者」。

9. 海王星 ♆：協助冥想。藍色的水晶例如藍寶石、海水藍寶、綠松石和藍色拓帕石都擁有海王星的能量，珊瑚亦是。對應的塔羅主牌是「吊人」。

10. 冥王星 ♇：轉化的能量。代表礦石包括：赫基蒙鑽石、鈦晶、丹泉石和玉髓。對應的塔羅主牌是「死神」。

風元素的儀式

「萬物之風，我們獻上祝福」

風元素對應我們的呼吸。若要喚醒內在的風元素，就要把專注力放在呼吸上。放鬆全身的肌肉，讓自己處於一種靜心冥想的狀態。在這個安靜的時刻，放慢身體的節奏和頭腦的感知，感受到每一次的吸氣和吐氣。

我們的直覺、感受很容易受到嗅覺的影響。當我們進入一棟房子，裡面的空氣如果很混濁，我們可能會想要趕快離開。如果裡面的空氣很清新、舒服，我們會直覺地想待在裡面。美國的房地產經紀人會在客戶進屋前，烘烤餅乾或麵包，因為他們知道嗅覺、香氣會對人產生影響。人們都喜歡玫瑰、茉莉的香氣，討厭污染、香菸的惡臭。好幾百萬年前人類就開始在祭典和宗教儀式上使用香氛、精油。如果我們在教堂聞到乳香（一種從樹脂萃取的香氣），會立即感受到與上帝的深層連結。在聚會所、靜修處所聞到的香氣，能協助你達到內在的平靜。

運用香氛的魔法可以轉化我們的空間和環境，並為塔羅的解讀做好準備。打開門或窗戶，點燃淨化空間的香氛，包括乳香、沒藥、鼠尾草、迷迭香、古巴脂、雪松和甜茅草。經典的乳香和沒藥可以混合搭配，創造出一種甜美、迷人的香氣。乳香象徵太陽，沒藥象徵月亮。沒藥很適合與其他香氛搭配，能增強其能量。

如果你的手邊沒有這些香氛，也可以燃燒一些廚房常見的香草植物，例如迷迭香和鼠尾草。在中世紀的歐洲，人們會使用迷迭香來防止瘟疫蔓延，也會在死者身上覆蓋迷迭香。廚房裡常見的鼠尾草也常被美洲原住民用來淨化空間。鼠尾草可以單獨燃燒，或與雪松合併使用。燃燒鼠尾草、淨化空間之後，你可以燃燒甜茅草，讓空氣瀰漫甜美清新的香氣。

燃燒香草植物時，把它們放在煙灰缸或其他安全的器皿中，點燃香草植物並輕輕地煽動，幫助燃燒。點燃之後，你可以在這個空間中走動，讓煙霧瀰漫其中。（也可以使用其他香草植物，例如月桂葉和薰衣草。）

點燃香草或其他香氛之後，這些香氣會填滿你周圍的空間。留意房間裡的角落以及門的後方。如果你是在室外解讀塔羅，就讓這些煙霧自然飄向天空，隨風飄散。

如果是過敏體質或對空氣特別敏感，無論使用哪種香氛都可能會感到不舒服。在這個情況下，可以去保健相關店鋪購買擴香儀。擴香儀要搭配精油使用，你可以購買品質較好的精油。薰衣草特別適合初學者使用，大多數的花朵和水果香氣都能帶來平靜與和諧，包括：洋甘菊、玫瑰、甜橙和葡萄柚。帶有療癒能量的香氣包括：快樂鼠尾草、杜松和尤加利樹。

我會在塔羅客戶抵達前，使用甜橙香氛噴霧。甜橙香氛可以淨化空氣，帶來一種清新的感受，最重要的是它不會造成過敏。

火元素的儀式

「萬物之火，我們獻上祝福」

火，代表照明、啟發。你可以使用蠟燭魔法，將火元素帶入你的空間。無論蠟燭的形狀為何，只要確認是在安全的情況下，都可以使用。我最常使用的是白色小蠟燭，我會把它放在陶製容器裡，這是很安全的做法。白色的蠟燭很適合用於所有魔法儀式，因為白色代表純淨、良善的心靈。如果你是第一次接觸蠟燭魔法儀式，可以先從燃燒白色蠟燭開始。這個儀式能帶來光亮、寧靜、和諧。在點燃蠟燭時，我會簡單地唸出：「萬物之火，我們獻上祝福」，接著開始做解讀。

解讀結束之後，可以讓蠟燭自然燒完，也可以用沾溼的手指或滅燭器直接將蠟燭熄滅。蠟燭燒完後，解讀的能量仍持續著。熄滅蠟燭的好處是這一顆蠟燭在下次解讀時還可以使用。注意不要用嘴吹熄蠟燭。另外，若要清除燭台上的蠟，可以把燭台浸泡在熱水中，這樣蠟就能輕易脫落。

你也可以使用蜂蠟蠟燭，它不像一般的蠟燭是由石油提煉，蜂蠟蠟燭的原料非常純淨。它的顏色通常呈現自然暗沈的蜂蜜色，不過市面上也可以看到經過染色的蜂蠟蠟燭。蜂蠟蠟燭的火焰會比一般石油提煉的蠟燭來得更大、更清晰。燃燒時，蜂蠟蠟燭會散發一種自然蜂蜜的甜美香氣。熄滅蠟燭時，它不會像一般蠟燭有刺鼻的味道。

彩色的蠟燭依據顏色有不同的用途，主要的顏色有三種：藍、紅、黃。這三個顏色也是色彩的三原色，其他顏色都是從這三種顏色混合而成。

- 藍色蠟燭代表和平（如同白色）和靈性療癒。藍色是讓人放鬆的顏色，適合冥想、沈思。藍色對應水元素。

· 紅色蠟燭可以為我們增添勇氣、活力和熱情。紅色代表火元素，也因此紅色蠟燭為我們帶來雙倍火元素的能量。（謹慎使用紅色蠟燭，因為它的能量很強）

· 黃色蠟燭代表清晰的心靈，以及順暢的溝通。黃色蠟燭也協助我們找到真實的自我。黃色對應風元素。

結合三原色，我們可以創造二次色，也就是：綠色、紫色和橘色。

· 綠色是由藍色和黃色混合而成。與綠色蠟燭有關的主題包括財富、繁榮和健康。

· 紫色是由藍色和紅色混合而成。與紫色蠟燭有關的主題包括成功、力量。紫色也是皇室、貴族的象徵。

· 橘色是由紅色和黃色混合而成。與橘色蠟燭有關的主題包括生命、活力、守護。

　　三次色是由三種以上的顏色組成，三次色蠟燭雖然沒有原色蠟燭那麼聚焦，但在蠟燭魔法裡，也有相對應的主題。咖啡色的蠟燭代表堅固、堅定，也象徵地球。藍綠色和淡紫色的蠟燭代表高度的靈性，為我們帶來祝福的能量。三原色的蠟燭如果加上白色，可以帶來緩和的能量，例如：粉紅色和淡藍色蠟燭適用戀愛相關主題。

　　黑色代表深層的轉化，也象徵薩滿的能量。黑色蠟燭不適合初學者使用。小的黑色或灰色蠟燭適合用於冬至，迎接黑夜的來臨。萬聖節的時候，可以在黑色蠟燭旁邊擺上橘色蠟燭。黑色蠟燭代表亡者，而橘色蠟燭代表生者。黑色蠟燭也用於進入薩滿覺知的狀態。除此之外，我們應該避免使用黑色蠟燭。有一位客戶跟我抱怨她每次舉辦餐會的經驗都很不好。後來得知她在餐會上，都會在銀製燭台上點燃八

支黑色蠟燭。當她把蠟燭改為金色蜂蠟蠟燭後，大家都很享受她的餐會，並沈浸
在溫暖的光芒之中。如果你不知道要使用哪一種蠟燭，就選白色蠟燭或蜂蠟蠟燭。
如果還是無法下決定，就洗牌、切牌，將牌展開成半月形，抽出一張卡，牌面向
下代表白色蠟燭。再抽一張卡，牌面向下代表蜂蠟蠟燭。抽出第三張卡，牌面向
下代表其他顏色。翻牌之後，選出你最喜歡的牌即可。

　　使用圓柱狀的蠟燭時，如果燃燒後呈現不對稱的形狀，就把它丟棄吧！玻璃
盛裝的蠟燭如果燒到最後冒出黑煙，也不要再使用。若蠟燭呈現炭黑色的殘渣，
也不要重新點燃，直接換一個全新的蠟燭即可。

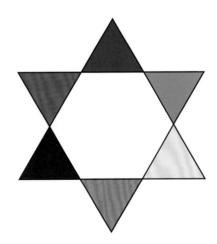

水元素的儀式

「萬物之水，我們獻上祝福」

運用水元素的方法是準備一杯水，在塔羅解讀時飲用。我的客戶來找我解讀時，我都會為他們準備一杯水。我使用的是礦泉水，另外會再加入幾片有機柳橙，讓這杯水增添風味，帶來清新的感受。我會確保我的客戶在這一段解讀的過程中把水喝完。（我總是提醒我的客戶要攝取足夠的水份！）

解讀結束之後，我通常都會泡澡，並在浴缸裡放置香草植物、礦物鹽或泥土，也會禱告、祝福並釋放我從客戶那邊接收到的議題和能量。如果我有連續好幾位客戶，我會在每次解讀前後好好地洗淨雙手。你可能也會希望在解讀前泡澡，淨化自己、去除一些不必要的想法和印象，因為這也許會影響你的解讀品質。如果你無法在解讀前泡澡，那就讓自己在解讀之後淋浴、泡澡，讓潔淨的水帶走解讀時所殘留的能量。

水是一種很好的療癒媒介。泡澡時，可以在水中加入些許精油。或者，在泡澡水中加入瀉鹽。一般藥局都可以買到物美價廉的瀉鹽，它能促進身體的排毒。你也可以再加入一些小蘇打粉，讓皮膚增添光滑。當然，你也可以混合不同的香草植物來舒緩肌膚，例如洋甘菊和聚合草。解讀後，如果你感覺不舒服、覺得緊繃，可以試試看游泳或到海邊散步、從事其他與水有關的活動，這些都能洗刷解讀過後所殘留的能量。

另一種將水元素帶入生活，並提高心靈覺知的方法是使用花精。花精是1930 年代由英國的巴哈醫生所發明，它跟精油是完全不同的東西，而且多數的花精聞起來是沒有味道的。花精含有

植物本身的生命能量，它的製作方法是將植物的振動能量釋放到水裡。花精能療癒我們的能量場，開啟更高的覺知，增加我們感官的敏銳度。你可以將花精滴在你的舌下，或滴進水中稀釋。最適合使用花精的時間點是晚上睡覺前，因為情緒療癒的時間是我們進入睡眠後第一、二個小時之間。

　　花精有兩個知名的品牌，分別是巴哈花精和加州花精（California Flower Essences）。我曾經使用巴哈花精的「橡樹」來協助脆弱的靈魂變得更堅強。對於容易緊張的人，我推薦使用巴哈花精的「馬鞭草」。前幾年我客戶的寵物受傷，我推薦他使用巴哈花精的「急救配方」，這是一款很萬用的花精。

　　加州花精的使用方式也很簡單，它能協助你發展一些心靈技巧。為了瞭解哪些花精適合我，我閱讀加州花精的介紹手冊。但還是覺得好多選項都很符合我的需求，於是我就帶著塔羅牌到販賣花精的店家，決定抽牌來選擇。最後我購買的是「黃褐百合」和「東方百合」，因為前者我抽到的牌是「星星」，後者我抽到的牌是「聖杯皇后」。我也很推薦另一個花精品牌牌——星星（Star）的「粉紅荷花」，它能協助人們看見自己的批判性，打開心胸，帶著同理心接納他人。

如何收藏你的塔羅牌

塔羅牌是你的重要工具，你要認真對待它，不要隨意丟在地上或塞在抽屜裡。尊重的態度是很重要的。

當你收到一副新的塔羅牌，可以把它放置在床邊或枕頭底下陪伴你入睡。你可以在床邊放置紙筆，寫下任何你記得的夢境內容。接下來的幾天，你可能會希望隨身攜帶它，讓你更加熟悉自己的塔羅牌。

收藏塔羅的方法很多，傳統的做法是用絲綢包覆，以保護牌卡。絲綢被視為世界上最美麗的布料，它是由蠶繭製成，蠶的幼蟲是以桑樹的葉子為食。絲綢非常柔軟，染色之後更加美麗，而且有著優美的垂墜感。絲綢製的衣物冬暖夏涼。如果要保護牌卡，我首先會推薦絲綢。當然，你也可以使用小袋子或木盒來收藏塔羅牌，裡面可以放入與之對應的水晶礦石。請依照自己的喜好收藏塔羅牌，如果某一天你突然覺得收藏塔羅的盒子、絲綢或袋子已經不適用，那就直接更換新的器皿或布料即可。

塔羅聖壇

聖壇是一個擺放神聖物件的地方，這些物件對你而言擁有特殊意義，聖壇也象徵你內心的世界。塔羅牌適合放在你自己佈置的聖壇上。聖壇可以是在書桌、梳妝台或其他平面上。其實，當我們在佈置家裡的空間時，就是在打造聖壇，只是我們現在把它稱為室內設計。你可以將海灘度假所帶回的貝殼放在聖壇上，代表水元素（聖杯），或用充滿藝術感的方式陳列你的水晶，象徵土元素（錢幣／圓盤）。

　　將塔羅牌放在聖壇上，周圍可以擺放象徵四元素的物件，例如：燭台和蠟燭象徵火元素，花瓶或酒杯象徵水元素，扇子、羽毛和線香象徵風元素，水晶、礦石、寶石和植物象徵土元素。其他適合放在聖壇的物件還有鮮花、人造花、相片、雕像、藝品，或是你自己製作的手工藝品。如果花開始枯萎，記得換上新鮮的花。不要使用乾燥花或是乾燥的香草植物，因為它們缺乏能量，沒有生命力。

如何處理不再使用的塔羅牌

　　當塔羅牌變得斑駁、陳舊，以致無法使用，你可以把牌卡埋在一棵樹下。如此一來，這副塔羅便回歸大地。想像一下，樹木有樹根，樹根可以深入土壤、吸收水分，樹木的枝葉向上生長，能接觸到空氣（風元素）和陽光（火元素）。樹木本身就是一個循環，從種子慢慢發芽，長出枝葉、花苞，最後開花、結果，果實成熟後落地，種子又回到土壤，開始下一個新的循環。

塔羅共有78張牌：
22張主牌、40張副牌、16張宮廷牌。

22張主牌描繪愚者之旅。

40張副牌可分為四元素，分別是：
火、水、風、土。

16張宮廷牌以4張為一組，
每組分別對應四元素。

大阿爾克納

愚者 0:	新的機會
魔術師 1 / 魔法師 1:	魔法般的力量
女祭司 2:	感受、直覺
皇后 3:	豐收
皇帝 4:	支配、統治
教皇 5:	架構
戀人 6:	愛與和諧
戰車 7:	清晰的道路
力量（偉特塔羅）8:	力量
調節（托特塔羅）8:	平衡
隱士 9:	內在追尋
命運之輪 10:	拓展、幸運
正義（偉特塔羅）11:	真實
慾望（托特塔羅）11:	生命的渴望
吊人 12:	停滯、臣服
死神 13:	結束、轉化
節制 14 / 藝術 14:	藝術的創造力
惡魔 15:	困惑、欺騙
高塔 16:	巨變
星星 17:	自我實現、療癒
月亮 18:	發展、逐漸改變
太陽 19:	成功、光輝
審判 20 / 新紀元 20:	重生
世界 21 / 宇宙 21:	無限的可能

小阿爾克納

權杖		寶劍	
一	行動	一	思想
二	設定目標	二	內在的平靜
三	道德良善	三	因失落而悲傷
四	完成任務	四	休息、停戰
五	衝突	五	擊潰
六	勝利	六	科學、平衡
七	英勇奮鬥	七	徒勞無功、偷竊
八	迅速敏捷	八	干擾、困惑
九	力量、堅持立場	九	自虐、給自己壓力
十	壓迫	十	摧毀

聖杯		錢幣/圓盤	
一	直覺、感受	一	顯化、金錢
二	愛、平等的夥伴關係	二	改變
三	情感上的豐足	三	認真、表現良好
四	（偉特塔羅）：拒絕	四	（偉特塔羅）：貪婪
四	（托特塔羅）：奢華、過度	四	（托特塔羅）：力量、基礎
五	失望、沮喪	五	擔憂、貧困
六	愉快、喜悅	六	成功
七	放縱、混亂	七	尚未成功、失敗
八	懶惰、散漫	八	謹慎、實際
九	快樂	九	收穫、獲得
十	心滿意足	十	財富

宮廷牌

16張宮廷牌＝4元素×4人格特質

	火	水	風	土
成熟的女性	權杖皇后	聖杯皇后	寶劍皇后	錢幣/圓盤皇后
成熟的男性	權杖國王	聖杯國王	寶劍國王	錢幣國王
在托特塔羅中，成熟的男性是以「騎士」為象徵。				
年幼的女性	權杖侍者/公主	聖杯侍者/公主	寶劍侍者/公主	錢幣侍者/圓盤公主
年幼的男性	權杖騎士	聖杯騎士	寶劍騎士	錢幣騎士
在托特塔羅中，年幼的女性是以「公主」為象徵，年幼的男性是以「王子」為象徵。				

權杖皇后	表達自己的創意、展現自己的力量
權杖國王	力量、尊敬、成功的企業
權杖騎士	清晰的道路、充滿動力
權杖侍者	幸運、機會、獲利
權杖王子	有能力達成目標，但需要更敏捷、靈活
權杖公主	容光煥發、舞蹈、慶祝

聖杯皇后	情感上的成熟、跟隨自己的直覺
聖杯國王	善良、博愛、擁有藝術天份
聖杯騎士	財富、進展、拯救
聖杯侍者	幸運、好消息、機會
聖杯王子	轉變、深入的理解和感知
聖杯公主	創意、簡單、有趣、自由的靈魂
寶劍皇后	聰明、敏銳的感知力、孤身一人
寶劍國王	專注、想法明確、理智
寶劍騎士	衝突、選擇、集思廣益
寶劍侍者	反應、防禦、行事衝動
寶劍王子	清晰、堅持、銳利、專注
寶劍公主	化解衝突、問題和擔憂
錢幣/圓盤皇后	繁榮、富裕、安全感、舒適
錢幣國王	與金錢相關、堅如磐石、可靠、強壯
錢幣/圓盤騎士	停滯、平淡的生活、休閒場域
錢幣侍者	繁榮、認識物質世界的運作方式
圓盤王子	在實務方面很可靠、穩固、有條理
圓盤公主	學徒、學習新事物、實用的技術、貿易

詞彙表

阿卡西紀錄（AKASHIC RECORD）：整個宇宙的訊息，包括過去、現在和未來。

煉金術（ALCHEMY）：把基礎物質轉化成金的藝術和科學。

ALEPH：希伯來文字母，意為「公牛」，與托特塔羅的「愚者」有關。

字母（ALPHABET）：構成語言的基礎，由一系列字母組成。這個詞彙是由希伯來文的第一個字母「ALEPH」和最後一個字母「BETH」組合而成。

AMRIT：梵文詞彙，意為「甘露」，開悟的甜美花蜜。

阿尼瑪（ANIMA）：拉丁文「靈魂」一詞，在這裡指的是心理學家榮格提出的概念，形容男性內在的女性特質。

阿尼姆斯（ANIMUS）：由拉丁文「靈魂」一詞演變而來，是心理學家榮格提出的概念，形容女性內在的男性特質。

ASHRAM：梵文詞彙，意為「修道院」，人們在靈性社群中的居所。

AYIN：希伯來文字母，意為「眼睛」，與托特塔羅的「惡魔」有關。

阿育吠陀醫學（AYURVEDIC MEDICINE）：源自印度的古老療癒系統。「AYURVEDA」意指「生命」，這個詞彙源自梵文，是一種古老的印度語言。

BA-GUA：中國的「八卦」，用於風水和其它道家文化、藝術。「BA」代表數字8，「GUA」代表卦象。

BETH：希伯來文字母，意為「房屋」，與托特塔羅的「魔法師」有關。

BINAH：希伯來傳統裡的女神，象徵母親。

BINAH：卡巴拉生命之樹的其中一個質點，代表理解，也象徵子宮、大地之母。

CADUCEUS：羅馬神墨丘利（希臘名為HERMES）的節杖，由兩隻交纏的蛇組成。

脈輪（CHAKRA）：源自梵文，意為「輪子」。脈輪是人體的能量中心。

CHESED：卡巴拉生命之樹的其中一個質點，代表慈悲、寬容、同理。**CHETH**：希伯來文字母，意為「籬笆」，與托特塔羅的「戰車」有關。

CHOKMAH：卡巴拉生命之樹的其中一個質點，代表智慧，也象徵父權、父親的原型。

DALETH：希伯來文字母，意為「門」，與托特塔羅的「皇后」有關。

金剛杵（DORJES）：西藏佛教徒在儀式中使用的一種權杖，象徵火、雷電、陽性能量。

DOSHAS：源自古印度醫學「阿育吠陀」，意指能量、屬性。

風水（FENG SHUI）：古代中國的一門藝術，探討方位、磁場。發音念作「FUNG-SHWAY」，字面上的意思是「風與水」。

GEBURAH：卡巴拉生命之樹的其中一個質點，代表判斷、力量、約束。

GIMEL：希伯來文字母，意為「駱駝」，與托特塔羅的「女祭司」有關。

哈索爾（HATHOR）：古埃及象徵母親的女神，通常被描繪為母牛。

HEH：希伯來文字母，意為「窗戶」，與托特塔羅的「星星」有關。

HOD：卡巴拉生命之樹的其中一個質點，代表光榮、輝煌、臣服於上帝。

IKIBANA：日本花道、禪學，以天地人三才之道的和諧關係作為基礎。「禪」是一種日本的佛學。

JEHOVAH：希伯來傳統裡的父神。

卡巴拉（KABBALAH）：古老而神秘的希伯來傳統，相信人們是由上帝的陽性層面和陰性層面結合而成。

卡巴拉生命之樹（KABBALISTIC TREE OF LIFE）：闡述靈性的道路和能量，以一棵樹和十個質點做為象徵，最高處為起點，向下延展。

KALPH：希伯來文字母，意為「手掌」，與托特塔羅的「命運之輪」有關。

KAPHA：源自梵文，意為「水元素和土元素」，為阿育吠陀醫學用語。

KARMA：源自梵文，意為「行動」。佛教的因果觀，闡述良善的行為創造出好的結果。

KETHER：卡巴拉生命之樹的其中一個

質點，代表整合、合一、第一。

亢達里尼（KUNDALINI）：源自梵文，意指身體裡的生命動能，是一股從脊椎尾端往上延伸的能量。

LAMED：希伯來文字母，意為「趕牛棒」，與托特塔羅的「調節」有關。

大阿爾克納（MAJOR ARCANA）：大秘儀，指的是從0「愚者」開始，一直到21「世界/宇宙」共22張主牌。

MALKUTH：卡巴拉生命之樹的其中一個質點，代表行動、物質的世界。

曼陀羅（MANDALA）：一個平衡、具有藝術感的幾何圖形，有助於冥想，啟發靈性。

MEM：希伯來文字母，意為「水」，與托特塔羅的「吊人」有關。

小阿爾克納（MINOR ARCANA）：小秘儀，指的是從1號到10號共40張副牌，包括權杖、聖杯、寶劍、錢幣/圓盤四個牌組。

NETZACH：卡巴拉生命之樹的其中一個質點，代表勝利、支配。

NUN：希伯來文字母，意為「魚」，與托特塔羅的「死神」有關。

PEH：希伯來文字母，意為「嘴巴」，與托特塔羅的「高塔」有關。

錢幣（PENTACLE）：代表錢幣的圖形，外圍是一個圓圈，裡面有一個五角星形。

PITTA：源自梵文，意為「火元素」，為阿育吠陀醫學用語。

問事者（QUERENT）：塔羅解讀中，聆聽訊息的一方。

QUOPH：希伯來文字母，意為「手背」，與托特塔羅的「月亮」有關。

解牌者（READER）：塔羅解讀中，解說訊息的一方。

輪迴（REINCARNATION）：佛教信仰的一個觀念，相信人們於此生之前有許多的前世。

RESH：希伯來文字母，意為「臉」，與托特塔羅的「太陽」有關。

盧恩符石（RUNE STONES）：遠古的北歐文字，每個字母有不同的象徵意義。這些字母常被刻在石頭上。

三摩地（SAMADI）：源自梵文，代表一種受到祝福、開悟的經驗，達到身心靈的合一。

SAMEKH：希伯來文字母，意為「帳篷釘」，與托特塔羅的「藝術」有關。

輪迴（SAMSARA）：源自梵文，在佛教傳統中象徵無止盡的輪迴轉世，最終走向開悟。

質點（SEPHIROTH）：希伯來的詞彙，代表卡巴拉生命之樹裡的屬性，共有十個。

薩滿（SHAMAN）：藥師（可以是男人或女人），連結靈性世界，擁有療癒的力量。

SHIN：希伯來文字母，意為「牙齒」，與托特塔羅的「新紀元」有關。

濕婆（SHIVA）：古代吠陀三位一體的神祇，即創造者梵天、保護者毗濕奴和毀滅者濕婆。托特塔羅的「高塔」描繪濕婆的眼睛。

塔羅（TAROT）：一套共78張牌組，可分為22張主牌、40張副牌（依照火、水、風、土區分）和16張宮廷牌。

TAV：希伯來文字母，意為「結束」，與托特塔羅的「宇宙」有關。

TETH：希伯來文字母，意為「蛇」，與托特塔羅的「慾望」有關。**THOTH**：古埃及的神祇，掌管溝通、醫藥、形而上的智慧。托特常被描繪為鷺首人身，或猿首人身。

TIPHARETH：卡巴拉生命之樹的其中一個質點，代表美、平衡、和諧。

TORA：《舊約聖經》，包括《創世紀》、《出埃及記》、《利未記》、《民數記》和《申命記》。

TOTEM：動物圖騰，象徵動物的靈性及其本質。

TOUJOURS L'AMOUR：法文，意指永恆之愛。

TZADDI：希伯來文字母，意為「魚鉤」，與托特塔羅的「皇帝」有關。

VATA：源自梵文，意為「風元素」，為阿育吠陀醫學用語。

VAV：希伯來文字母，意為「釘子」，與托特塔羅的「教皇」有關。

YANG：源自中文，代表陽性能量。陽的特質包括熾熱、快速、乾燥、主動的能量。

YESOD：卡巴拉生命之樹的其中一個質點，代表基礎、自我、性。

世界之樹（YGGDRASIL）：北歐神話裡的神聖巨樹。

YIN：源自中文，代表陰性能量。陰的特質包括寒冷、緩慢、濕潤、接收的能量。

YOD：希伯來文上帝「耶和華」的第一個字母。「YOD」象徵火，與托特塔羅的「隱士」有關。

瑜伽（YOGA）：梵文，意為「結合、合一」。

ZAIN：希伯來文字母，意為「劍」，與托特塔羅的「戀人」有關。

牌卡推薦

藉由欣賞不同類型的塔羅牌，我們可以學到更多塔羅的相關資訊。你可以訂閱美國遊戲公司（U.S. Games Systems）的塔羅商品目錄，從中得到一些靈感和樂趣。你可以致電 1-800-544-2637，或透過官方網站（www.usgamesinc.com）訂閱，你會在目錄中看到各式各樣的塔羅牌，從經典的偉特塔羅到現代的《築夢之路塔羅》（Dreaming Way Tarot）。

若想知道確切的新月、滿月、春分、秋分、冬至、夏至所對應的日期以便安排塔羅解讀，我推薦使用《我們的月亮》（We'Moon），這是一本占星月曆，由「母語印刻」（Mother Tongue Ink.）出版，每年更新。如果當地的書店沒有販售，你可以致電 877-693-6666 或是透過電子郵件詢問（wemoon@teleport.com）。

想要深入瞭解偉特塔羅，可以閱讀瑞秋・波拉克撰寫的《78 度的智慧》。這是一本很經典的塔羅專書，提供 78 張牌的深度內容解析。如果你使用的是托特塔羅，可以閱讀克勞利的著作《托特之書》（The Boook of Thoth）。在《托特之書》裡，克勞利把大阿爾克納稱為「atu」，並把《易經》稱為「Yi-King」。我的另一本著作《道家風水》（Taoist Feng Shui）也有簡單介紹《易經》。另一本精彩的作品是《文藝復興神話塔羅》裡的使用指南，作者布萊恩・威廉斯（Brian Williams）是一位研究義大利文藝復興藝術的學者，運用其專業背景創作這本使用指南。

另一本完整介紹塔羅的書籍是《跟著大師學塔羅》（Tarot for Your Self），作者是瑪莉 K. 格瑞爾，她寫下一系列傑出的塔羅作品，其中我最喜歡的是《魔法的本質》（The Essence of Magic），這本書描述塔羅和芳香療法的實用資訊，並揭開其中奧妙。托特塔羅的現代著作則有安琪莉絲・艾琳恩（Angeles Arrien）的

《塔羅手冊》（The Tarot Handbook），探討牌卡在心理和文化上的意義。

歷史悠久的塔羅作品

如果你對文藝復興時期的塔羅牌深感興趣，可以購買《威斯康提塔羅牌》（Visconti-Sforza Pierpont Morgan Tarocchi Deck）。這一副塔羅是 15 世紀米蘭的威斯康提家族所製作的復刻版。原始版本分別收藏於紐約摩根圖書館、義大利的卡拉拉學院博物館（Accademia Carrara）和貝爾加莫的科里尼家族（Colleoni family of Bengamo）。這副牌不適合初學者，因為他的副牌都是以排列整齊的物件做為象徵。（例如，「權杖四」描繪四座平穩的階梯。）雖然這副牌是一般塔羅的兩倍價格，但它的歷史悠久，將文藝復興的藝術帶到現代。順著這個歷史脈絡，我們接下來可以嘗試《卡里耶魯維斯康提 15 世紀塔羅牌》（ Cary-Yale Visconti Tarocchi）以及布萊恩‧威廉斯（Brian William）的《明切維特塔羅》（Minchiate Tarot）。《卡里耶魯維斯康提塔羅牌》的原作收藏於耶魯大學的圖書館。《明切維特塔羅》包含其他塔羅牌沒有出現的卡片，例如繪有占星符號的牌。其他歷史悠久的牌卡還有《黃金黎明塔羅》（Golden Dawn Tarot Deck）和經典的《法國馬賽塔羅》。我對《俄羅斯聖彼得堡塔羅》（Russian Tarot of St. Petersburg）也很感興趣，它是根據俄羅斯的傳說和童話繪製而成。

具有女性特質的塔羅作品

以下將介紹幾副重要的現代塔羅作品：《和平之母塔羅》（Motherpeace Tarot），由薇琪‧諾伯（Vicki Noble）和凱倫‧沃格爾（Karen Vogel）創作。《月亮之女塔羅》（Daughters of the Moon Tarot）由菲奧娜‧摩根（Ffiona Morgan）創作。這兩副牌都非常獨特，牌卡的形狀是圓形的，並以女性、女權主

義的視角來呈現。另一副具有女性特質的塔羅是瑞秋・波拉克的《閃亮女子塔羅》（The Shining Woman），這副牌很有趣的地方是副牌的四元素被重新定義：火元素是樹木、水元素是河川、風元素是鳥類、土元素是礦石。卡羅・布利奇斯（Carol Bridges）創作的《女醫塔羅》（Medicine Woman Tarot）也重新定義副牌的四元素。另一副女權主義的塔羅是《芭芭拉沃克塔羅》（The Barbara Walker Tarot），芭芭拉・沃克（Barbara Walker）的書《女性神話與秘密百科》（The Woman's Encyclopedia of Myths and Secrets）則是女權結合靈性的經典作品。克里斯・維德海爾（Kris Waldherr）創作的《女神塔羅》（The Goddess Tarot）非常優美，牌卡描繪出世界上不同文化的女神。另一副優雅的作品是《蝴蝶蛻變塔羅》（Chrysalis Tarot），由荷莉・西耶菈（Holly Sierra）和托尼・布魯克斯（Toney Brooks）繪製。

具有拼貼風格的作品

如果要推薦一副風格特殊的作品，我會選《領航者塔羅》（Voyager Tarot），由詹姆斯・華倫斯（James Wanless）繪製。他製作的拼貼圖像令人驚艷。另一副是《宇宙部落塔羅》（The Cosmic Tribe Tarot），作者史蒂夫・柏斯特曼（Stevee Postman）運用數位影像合成這副充滿拼貼風格的作品。異教徒會很喜歡這副牌，它與眾不同，圖像非常經典。艾德・布里恩（Ed Buryn）製作的《威廉・布萊克塔羅》（William Blake Tarot）也非常優美，這個作品是運用視覺藝術家威廉・布萊克（William Blake）富含詩意的插畫拼貼而成。最特別的部分是作者將副牌重新命名。

最受學生喜愛的作品

部分學生是使用《漢生羅伯特塔羅》（Hanson-Roberts Tarot），由瑪莉・漢生羅伯特（Mary Hanson-Roberts）繪製，它的圖像帶有一種魔法般的童話風格。也有學生喜歡使用《康納麗塔羅》（Connolly Tarot），由彼德・保羅・康納麗（Peter Paul Connolly）繪製，同樣帶有童話風格。另一個受到學生喜愛的作品是《心靈塔羅》（Tarot of the Spirit），由潘蜜拉・埃金斯（Pamela Eakins）繪製，這副牌的圖像很美。我的學生也很喜歡由茱莉亞・古齊亞瓦特斯（Julia Cuccia-Watts）繪製的《祖先之路塔羅》（Ancestral Path Tarot）以及裡面蘊含的智慧話語。《綠木塔羅》（Greenwood Tarot）由馬克・萊恩（Mark Ryan）和切斯卡・波特（Chesca Potter）製作，裡面的動物圖像也備受喜愛。亞瑟王傳說的愛好者則會喜歡凱特琳・馬修斯（Caitlin Matthews）製作的《亞瑟王塔羅》。

與貓有關的作品

黛布拉・吉文（Debra Givin）的《貓眼塔羅》（Cat's eye tarot）、凱倫・凱肯道爾（Karen Kuykendall）的《貓族塔羅》（Tarot of the Cat People）以及《貓咪塔羅》（Gatti Originali），以上這些牌都很適合喜愛貓咪的人，不過《貓咪塔羅》只有 22 張主牌。有些學生只想用 22 張主牌解讀，我覺得可以，只不過要有心理準備，若只使用 22 張主牌，「死神」的出現頻率會比使用 78 張塔羅還高很多。

與香草、花朵有關的作品

　　喜愛綠色植物的人，可以試試麥克・提耶拉（Michael Tierra）和坎蒂絲・康坦・派卡德（Candis Cantin Packard）的《藥草塔羅》（Herbal Tarot）、瑪琳・魯金斯基（Marlene Rudginsky）的《花朵絮語卡》（The Flower Speaks Deck）、瓦萊麗・伯納（Valerie Bernard）的《海倫塔羅》（The Tarot of Hellen）、伊莎・勒納（Isha Lerner）的《花朵力量神諭卡》（Power of Flowers Deck），這些牌卡能為你帶來靈感和快樂。

與藝術家相關的作品

　　《達利塔羅》（Dali Universal Tarot）是西班牙超現實主義大師達利的創作，這副牌具有相當的藝術性（也相當昂貴）。塔羅牌收藏家和藝術愛好者都會對這副牌極感興趣。另外一副是《賈帕里澤塔羅》（JaparIdze Tarot），牌卡中的超現實主義畫作令人驚艷，由藝術家尼諾・賈帕里澤（Nino Japaridze）繪製。

其他類型的塔羅作品

　　從上一個世紀以來，塔羅相關作品有如百花齊放，也因此我們有各式各樣的塔羅牌可以選擇，包括泰瑞・唐納森（Terry Donaldson）和彼德・布拉茲歐維尼克（Peter Pracownik）的《龍族塔羅》（Dragon Tarot）、夏琳・利文斯頓（Charlene Livingstone）的《藝術生活塔羅》（ART OF LIFE）。占星學家莉絲・格林（Liz Greene）和茱麗葉・夏曼柏克（Juliet Sharman-Burke）的《神話塔羅》（Mythic

Tarot）以經典的希臘神話為靈感，朗‧費德曼（Ron Feldman）的《卡巴拉牌卡》（Kabbalah Cards）則是以卡巴拉為靈感，吉卜林‧衛斯特（Kipling West）的《萬聖節塔羅》（Halloween Tarot）也非常有趣。適合兒童使用的塔羅牌有瑪莉‧漢生羅伯特（Mary Hanson-Roberts）的《童話塔羅》（Whimsical Tarot），以及迪特馬‧畢特利希（Dietmar Bittrich）的《小熊軟糖塔羅》（Gummy Bear Tarot）。其他值得一提的有寶琳娜‧卡西迪（Paulina Cassidy）的《生活之樂塔羅》（Joie de Vivre Tarot），以及羅姆‧崔（Rome Choi）的《築夢之路塔羅》（Dreaming Way Tarot）。

當然，還有許多精彩的塔羅作品可以介紹，不過以上資訊可能已經讓你感到暈頭轉向。你已經可以開始思考下一次生日該挑哪一副牌當禮物！

塔羅與其他經典作品

如果想要瞭解神話和象徵符號，你可以閱讀榮格自傳《回憶‧夢‧省思》。也可以閱讀一些經典文學作品，以便深入了解塔羅的原型。透過小說對人物角色的細緻描寫，塔羅的原型得以活靈活現。

我的學生和客戶常對「吊人」這張塔羅牌感到陌生，覺得難以理解。奈及利亞作家奇努瓦‧阿契貝（Chinua Achebe）的著作《分崩離析》（Things Fall Apart），描繪「吊人」的許多面向。若想理解「寶劍王后」，可以閱讀普希金（Pushkin）的《黑桃皇后》（The Queen of Spades），這是世界上最佳的短篇小說。想要理解聖杯牌組之間的細微差別，可以閱讀《阿娜伊絲‧寧的日記》（The Diaries of Anais Nin）。

研究經典文學，可以找到隱藏其中的塔羅原型。你可以在王爾德的《道林‧格雷的畫像》看到「魔術師」的影子嗎？「高塔」這張牌是否跟瑪麗‧雪萊的《科學怪人》有所呼應？ 仔細閱讀、欣賞，你會發現比起「高塔」，浪漫主義的作品更符合「戀人」的意象。但丁的《神曲‧地獄》讓你聯想到哪一張牌？托爾斯泰的短篇故事《三名隱士》象徵的塔羅原型則非常明顯。

你也可以閱讀短篇故事集，例如《莫泊桑短篇小說選》。莫泊桑的每個故事都與某一張塔羅牌有關，你可以將故事與塔羅牌做配對。當代義大利作家伊塔羅‧卡爾維諾的著作《命運交織的城堡》就是如此，他用兩副中世紀歐洲的塔羅牌來創作這個短篇故事集。

仔細閱讀經典作品，找到隱藏其中的塔羅原型。

關於作者

蘇珊‧萊維特（Susan Levitt）是一位專業的塔羅解讀師、占星學家、風水諮詢師，現居加州舊金山。著有《塔羅學習套組》（The Complete Tarot Kit）、《寫給青少年的風水指南》（Teen Feng Shui）、《道家風水》（Taoist Feng Shui），以及《道家占星術》（Taoist Astrology）。她提供線上的塔羅解讀服務，亦可透過電話諮詢。（網址：susanlevitt.com）

塔羅牌和神諭卡的圖片來源

本書的插圖取自多款塔羅牌及神諭卡，以下標示出插圖出現的頁數及其出處：

《新藝術塔羅》（Art Nouveau Tarot）： 110

《康納麗塔羅》（Connolly Tarot）：8、98、113、136、216

《靈性意識神諭卡》（Conscious Spirit Oracle Deck）：182、200

《精靈塔羅》（Faerie Tarot）：74

《女神神諭卡》（Goddess Oracle）：12

《漢森羅伯特塔羅》（Hanson-Roberts Tarot）：25

《新帕拉丁尼塔羅》（New Palladini Tarot）：230

《古英國塔羅牌》（Old English Tarot）：26、35、53、80、118、156、180、181

《花朵力量神諭卡》（Power of Flowers）： 169、170、221

《文藝復興神話塔羅》（Renaissance Tarot）：16

特別說明：第 188 頁和 190-193 頁的烏龜及圖像是由布萊恩‧威廉斯（Brian Williams）繪製，在此對布萊恩深表謝意。

塔羅初心者
INTRODUCTION TO TAROT

作　者 —— 蘇珊・萊維特（Susan Levitt）
譯　者 —— 楊舒涵
排　版 —— 陳于真

出版發行 —— 左西心創藝有限公司
　　　　　　台中市南屯區文心一路396號
　　　　　　(04)2251-3456
總 經 銷 —— 高寶書版集團
　　　　　　地址：臺北市內湖區洲子街88號3樓
　　　　　　電話：02-2799-2788 / 傳真：02-2799-0909

2020年4月1日　初版首刷

有著作權・侵害必究（Printed in Taiwan ）
ISBN　978-986-89472-3-8

國家圖書館出版品預行編目（CIP）資料

塔羅初心者 / 蘇珊.萊維特（Susan Levitt）著；楊舒涵譯.-- 初版.--
臺中市：左西心創藝, 2020.04　252面；18.4×21.6公分
譯自：INTRODUCTION TO TAROT
ISBN 978-986-89472-3-8(平裝)
1.占卜
292.96　　109003787